아들아,
너의 꿈의 크기만큼
미래가
결정이 된단다

아들아 너의 꿈의 크기만큼
미래가 결정이 된단다

펴낸날 2024년 2월 20일

지은이 필립 체스터필드
옮긴이 장은서   **그린이** 임다운
펴낸이 오동섭
펴낸곳 대일출판사
주소 서울특별시 동대문구 하정로47(신설동) 4층 402호
전화 766-2331
팩스 745-7883
등록 제1-87호(1972. 10. 16)
기획 이지희
편집/디자인 이지희

ISBN 978-89-7795-558-5

이 책에 실린 글, 그림은 저작권자의 동의 없이 무단전재나 복제를 할 수 없습니다.
잘못 만들어진 책은 구입하신 서점에서 바꿔 드립니다.

대일출판사는 아이와 같은 순수함으로 좋은 책을 만듭니다.
해맑은 아이의 웃음을 책에 담습니다.

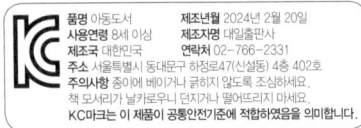

아들아,
너의 꿈의 크기만큼 미래가 결정이 된단다

필립 체스터필드 지음 | 장은서 옮김 | 임다운 그림

대일출판사

차례

 01 1분의 시간이라도 소중하게 사용해라 … 9

 02 한 번에 한 가지 일을 제대로 하는 습관을 가져라 … 13

 03 적은 돈을 잘 써야 큰돈을 쓸 줄 안다 … 17

 04 자신감을 갖고 행복하게 도전해라 … 21

 05 예의는 사람을 돋보이게 한다 … 25

 06 노력만큼 정직한 것은 없다 … 29

 07 어리석은 사람일수록 거짓말을 잘한다 … 33

 08 건강보다 소중한 것은 없다 … 38

 09 한 가지 모습으로 편견을 갖지 말거라 … 43

 10 너만의 생각으로 너의 인생을 살거라 … 47

11 자만심이란 허울은 갖지 말아라 … 51

 12 바른 말씨는 사람을 돋보이게 한다 … 55

 13 좋은 친구와 깊은 우정을 맺어라 … 59

 14 배울 점이 있는 사람을 사귀어라 … 64

 15 건강한 욕심은 좋은 거란다 … 68

 16 배려를 할수록 너의 삶은 아름다워진다 … 72

 17 다른 사람의 장점을 본받아라 … 76

 18 밝은 표정은 네 인생을 밝게 만든다 … 80

 19 유머와 가벼움을 구별하는 지혜를 가져라 … 84

 20 지킬 수 없는 약속은 하지 말아라 … 88

21 라이벌을 소중히 생각하고 정당히 경쟁해라 … 92

 22 부족해 보이는 친구를 무시하지 말거라 … 96

 23 놀아야 할 때는 제대로 놀아라 … 100

 24 포기하지 말고 끝까지 승부해라 … 104

 25 칭찬은 받기 전에 먼저 해주어라 … 108

 26 실수와 실패는 성공으로 가는 계단과 같다 … 112

 27 단정한 옷차림과 바른 자세를 가져라 … 116

 28 겉으로 보이는 것만 중요하게 생각하지 말아라 … 120

 29 변화를 두려워하지 마라 … 124

 30 몸을 소중히 여기고 마음으로 이성친구를 사귀어라 … 129

 31 역사 공부를 중요하게 생각해라 ··· 133

 32 책을 가장 친한 친구로 사귀어라 ··· 137

 33 여행을 즐겨라 ··· 141

 34 분수에 맞게 행동해라 ··· 145

 35 마음에 들지 않아도 규칙을 지키는 사람이 되어라 ··· 149

 36 다름을 존중하는 사람이 되어라 ··· 153

 37 생각한 것은 행동으로 옮겨라 ··· 157

 38 제대로 들을 줄 아는 사람이 되어라 ··· 161

 39 가장 약한 사람이 폭력을 쓰는 것이다 ··· 165

01
1분의 시간이라도 소중하게 사용해라

아들아, 세상에는 영원한 것이란 없단다. 세상에 많은 것들은 항상 생겨났다가 변화하고 사라지지. 그리고 한 번 사라진 것은 좀처럼 돌아오지 않아.

그중에서도 '시간'이 특히 그렇다. 공부는 지금 못하더라도 나중에 잘할 수도 있고 돈도 지금 없어도 벌 수 있지만 한 번 지나간 시간은 다시는 되찾을 수가 없어.

사람들 중에는 돈을 지혜롭게 활용하고 아껴 쓰는 사람이 많단다. 하지만 시간을 잘 활용하고 낭비하지 않는 사람은 드물지. 사실 시간을 어떤 것보다 더 아껴서 사용해야 하는데 말이다.

　세상에서 가장 공평하게 주어지는 것이 바로 시간이야. 부자든 가난한 사람이든 건강한 사람이든 병든 사람이든 모든 사람에게 똑같이 주어지는 것이 시간이지. 그런데 그런 시간을 어떤 사람은 잘 쪼개어서 쓰고 어떤 사람은 함부로 낭비해.
　예를 들어 친구와 만나기로 했는데 갑자기 사정이 생겨서 한 시간을 기다려야 한다고 생각해보자. 어떤 사람은 그 한 시간 동안 잠을 자거나 멍하니 앉아서 그냥 흘러 보낸다. 그리고 어떤 사람은 한 시간 동안 책을 읽거나 해야 할 일들을 정리하며 가치 있게 쓴다. 그렇다면 똑같이 주어진 한 시간을 누가 더 의미있게 사용한 것일까?

아들아, 인생은 하나의 나무를 가꾸는 것과 같다. 씨앗이 뿌리를 내리게 돕고 묘목으로 자랄 수 있게 부지런히 물과 햇볕을 쐬어주며 쓰러지지 않게 지지대를 세워주면 건강하고 튼튼한 나무로 자라나지. 그리고 네가 지금 보내는 시기는 바로 뿌리를 내리는 시기란다.

이 시기에 부지런히 물을 주고 햇볕을 쐬어주어야만 평생을 흔들리지 않는 단단한 뿌리를 갖게 된단다. 그러기 위해서는 시간이란 선물을 소중하게 사용해야 해.

모든 인간은 하루 동안 해야 할 일이 있어. 학생인 너는 학교에 가서 공부를 하는 것이 해야 할 일이지. 그런데 그것 외에도 남는 시간이 많을 거야. 그 남는 시간 1분 1초를 얼마나 가치 있게 쓰는지에 따라 네 인생의 기초가, 그 뿌리가 달라진단다. 그리고 시간을 잘 사용하는 것이 습관으로 자리잡으면 어른이 되어서도 인생을 소중히 여기고 잘 활용하면서 살아가게 되지.

아들아, 시간을 잘 쓰라는 말은 모든 시간을 공부에만 쓰라는 것이 아니야. 노는 시간도 충분히 가져야 하고 또 제대로 즐기면서 써야 한단다. 지혜롭지 못한 사람은 자신에게 휴식과 놀이를 주지 않고 시간이 모자라서 못했다고 핑계를 대며 빈둥거리기 쉽다. 하지만 지혜로운 사람은 자신에게 즐거운 놀이 시간도 충분히 허락한다. 아빠 말은 놀이도 공부도 즐겁게 하면서 남는 시간을 활용할 줄 아는 습관을 들이라는 것이다.

그러기 위해서는 모든 일에 순서를 정하는 것이 중요해. 사실 순서가 없다면 우왕좌왕하면서 시간과 힘만 낭비하기 쉽다. 엄마가 청소를 하는 것을 자세히 살펴보면 이해가 쉬울 거야. 엄마는 바닥에 늘어진 물건을 정리한 다음 청소기를 돌리고 걸레질을 하지. 만약 이 순서가 뒤바뀐다면 시간은 더 들 것이고 깨끗하지도 않을 거야. 청소와 마찬가지로 시간에도 우선순위와 순서를 정해놓고 쓰는 습관이 필요하다. 그리고 그런 습관을 가지려면 꾸준히 시도하려는 마음과 연습이 필요하단다.

아들아, 누구에게나 똑같이 주어진 시간을 잘 사용해라. 해야 할 일이 있으면 순서를 정해서 차근차근 풀어나가고 남는 시간이 생기면 독서를 하거나 네가 진정 하고 싶었던 놀이를 하면서 가치 있게 쓰거라.

02
한 번에 한 가지 일을 제대로 하는 습관을 가져라

'슈퍼맨' '슈퍼우먼' '슈퍼키드'라는 말을 들어봤을 거야. 여러 가지 일을 잘해서 만능처럼 보이는 사람을 뜻하는 말이지. 사실 이 세상은 다방면에서 뛰어난 사람에게 칭찬을 해주기 때문에 모든 일을 잘해야 된다고 부담을 가지기가 쉽단다.

아들아, 하지만 모든 일을 잘하려고 마음을 쓴다면 중요한 것을 잊어버리게 돼. 그건 한 번에 한 가지 일에 집중하는 것이란다.

오늘, 그리고 지금 해야 할 일이 있다면 그것만을 생각하면서 해야 해. 그래야 제대로 할 수 있고 다음 일도 해낼 수 있지. 학교에서 수업 시간이라면 수업에만 집중을 해야 하고 쉬는 시간이라면 충분히 쉬면서 충전

을 해야 한다. 그리고 친구들과 노는 시간이라면 놀이에 마음을 쓰면서 제대로 놀아야 해.

만약 국어 시간에 선생님 말씀을 제대로 듣지 않고 다음에 있을 수학 시간을 생각한다면 그 시간에 국어 공부를 제대로 할 수 없을 거야. 한 번 지나간 수업을 혼자 힘으로 다시 복습하는 것은 쉽지도 않을뿐더러 즐겁지도 않단다. 또 친구들과 놀이를 하는데 계속 딴생각을 하면서 참여한다면 친구들의 기분을 나쁘게 만들기 쉽고 모처럼의 놀이 시간을 제대로 즐기지 못하게 되지.

또 한 번에 여러 가지 일을 하려고 해도 마찬가지야. 식사를 하면서 영화를 보게 되면 맛을 제대로 느낄 수 없게 되고 소화도 잘 안 되며 영화 내용도 놓치기 쉽지. 그래서 식사의 즐거움, 영화 감상의 즐거움을 모두 얻지 못하게 된단다.

공부할 때, 놀 때, 일상생활에서 모두 한 번에 한 가지씩 지금 주어진 일에 집중하는 습관을 가져야 한단다. 그렇게 하나씩 하나씩 해나가다 보면 어느새 하루 동안 많은 일을 해낸 것을 알게 되지. 만약 한꺼번에 여러 가지 일을 하려고 한다면 제대로 못 할 뿐만 아니라 산만한 습관을 갖게 되기 쉽단다.

아들아, 습관은 한 번 자리 잡은 것을 고치기가 매우 어려워. 세 살 버릇 여든까지 간다는 말을 들어보았니? 어릴 때부터 한 가지 일을 제대로 해내지 못하고 산만하게 이것저것 건드리는 것이 습관이 된 사람은 어른이 되어서도 산만하게 살아가기 쉬워. 어른이 되면 학교에 다니고 친구들과 어울리는 것보다 훨씬 많은 일들을 해내야 한다. 직장에서 일을 해서 돈을 벌어야 하고 많은 인간관계를 맺어야 하지. 그런데 산만한 어른은 이것저것 시작만 하고 제대로 끝을 내지 못하기 때문에 피곤하기만 하고 결과는 좋지 못하기 쉽다. 그러면 사람들에게도 신뢰를 얻기 어려워.

아들아, 어떤 일을 할 때 집중해서 최선을 다 하게 되면 그 결과가 좋던 나쁘던 만족감을 느낄 수 있단다. 그리고 그런 만족감, 성취감들이 쌓이다 보면 자기 자신을 사랑하는 마음, 자기 자신을 믿는 마음이 쑥쑥 자라게 되고 뭐든지 잘할 수 있는 어른이 되지. 그러려면 먼저 한꺼번에 많은 일을 하려고 하지 말고 지금 주어진 일에 시선을 맞추고 푹 빠져서 집중하는 연습이 필요해. 그리고 그것은 너에게 공부를 가르쳐주는 선생님, 함께 시간을 보내는 친구들, 사랑을 보내는 가족들을 존중하는 것도 된단다.

사람은 누구나 한 번에 두 가지 일을 할 수 없어. 공부를 할 때나 놀 때나 일상생활을 할 때 모두 쓰는 손과 머리의 기능이 다르기 때문이란다. 그래서 두 가지 일을 동시에 하는 것은 능률이 오르지 않을 뿐만 아니라 불가능한 일이다.

아들아, 한 가지 일에 충실히 집중하는 습관을 가져라. 그러면 많은 것을 해낼 수 있는 자신을 발견할 수 있을 것이야.

03
적은 돈을 잘 써야 큰돈을 쓸 줄 안다

아들아, 돈은 사람이 살아가면서 꼭 필요한 것이란다. 네가 학교에 다니면서 필요한 많은 것이 돈을 지불해야 가질 수 있는 것이고 그 돈은 아빠와 엄마의 노력으로 이룬 것이다. 책이나 옷, 음식을 사는 것은 물론이고 여행을 가는 등의 여가를 위해서도 돈이 필요하지. 그래서 사람들은 돈을 벌기 위해 열심히 일을 한단다.

그런데 돈은 버는 것보다 쓰는 것이 더 중요해. 아무리 많은 돈을 벌더라도 규모 있게 쓰지 못한다면 평생 가난이란 짐을 지고 살아야 하지. 하지만 잘 쓰는 법을 익히고 지킨다면 다소 적게 돈을 벌더라도 든든한 마음으로 살 수 있단다.

　아빠가 항상 돈을 아끼고 꼭 필요한 것에만 쓰라고 말했을 거야. 이 말은 내게 꼭 필요한 것인지 세 번은 생각하고 쓰라는 말이며 순간의 기분에 따라서 함부로 낭비하지 말라는 말이야. 그것은 큰돈만 해당되는 것이 아니라 적은 돈도 마찬가지란다. 천 원을 소중히 쓸 수 있는 사람은

만 원도 잘 쓸 수 있다. 하지만 천 원을 기분대로 함부로 쓰는 사람은 만 원도 낭비하게 되지. 그래서 잔돈을 잘 쓰는 사람이 저축도 잘하게 되고 큰돈도 가치 있게 쓸 수 있단다.

사람들은 부자를 동경하고 부자가 되고 싶어 해. 그런데 부자는 단순히 운이 좋아서 부자가 된 것이 아니란다. 열심히 일해서 돈을 벌었고 돈을 버는 것보다 더 노력해서 돈을 지킨 사람이 바로 부자란다. 어떤 사람은 부자인 부모 밑에서 태어났기 때문에 저절로 부자가 됐다고 말하며 그런 사람을 부러워하지만, 아무리 물려받은 재산이 많더라도 지킬 수 있는 능력이 없다면 돈은 금방 사라지고 만단다. 그래서 돈은 버는 것보다 관리하는 것이 더 어렵고 잘 지킬 줄 아는 능력이야말로 귀한 재산이야.

그런데 돈이 소중하다고 모든 일에 돈을 안 쓰면서 욕심쟁이처럼 굴어서도 안 돼. 예를 들어서 친구들과 간식을 사 먹으러 갔는데 내 용돈을 아끼고 싶어서 매번 얻어먹거나 친구 것만 나눠달라고 한다면 그것은 친구에게 피해를 끼치는 것이 된단다. 돈은 이렇게 무조건 아끼는 것이 전부가 아니라 써야 할 때를 잘 판단해서 쓰는 것이 중요하단다.

이 돈을 잘 쓰려면 아빠가 주는 용돈을 어디에 썼는지 공책에 적어두고 일주일에 한 번씩 검토해보는 방법이 좋아. 용돈기입장을 쓰는 습관을 갖게 되면 필요 없는 장난감을 산다던가 분수에 맞지 않는 지출을 하는 것을 줄일 수 있게 된단다. 그리고 그런 습관을 갖게 되면 평생 그 무엇보다 바꿀 수 없는 재산으로 자리를 잡게 되지.

아들아, 돈을 가치 있게 쓸 줄 알게 되면 저축하는 기쁨도 찾아오게 된단다. 저축은 돈이 있어야만 할 수 있는 것이 아니라 없는 가운데서도 할 수 있다. 그리고 저축을 하게 되면 네가 하고 싶은 일을 더 많이 할 수 있는 기회들이 찾아온단다. 엄마 아빠에게 받는 용돈 외에도 친척 어른들에게 받는 용돈이 있지? 그것을 차곡차곡 모아둔다면 나중에 어른이 되어서 해외로 배낭여행도 갈 수 있고 학비에도 보탤 수 있지. 그렇게 모은 돈으로 하는 일들은 그냥 엄마 아빠가 해주는 것보다 더 큰 보람으로 느껴진단다.

아들아, 돈은 성격이 이상해서 잘 다루면 내 의견을 존중해주는 비서 역할을 해주기도 하지만 제대로 다루지 못하면 나를 이리저리 끌고 다니는 주인 행세를 한단다. 어른이 되어서 돈을 제대로 관리하지 못하면 돈 때문에 원하지 않는 일을 하고, 돈 때문에 하고 싶은 일을 포기하게 되지. 그래서 돈에 끌려다니지 않고 돈을 자유자재로 다루는 주인이 되어야 한단다. 그러기 위해서는 적은 돈도 소중히 여기는 습관을 길러야 한다는 것, 잊지 말아라.

04
자신감을 갖고 행복하게 도전해라

아들아, '두려움'이란 뭘까? 새로운 일을 시작할 때 누구나 가질 수 있는 감정이고 자연스러운 마음이지. 너는 종종 어떤 일을 시작할 때 '못할 것 같아요' '제가 할 수 있을까요?'라고 되물으며 의기소침한 태도를 보이곤 하지.

사람은 항상 새로운 것에 흥미를 느끼고 재미있게 여기지만 막상 하려고 하면 어렵게 느껴져서 해보지도 않고 포기하기 쉽다. 그런데 도전하지 않는다면, 두려움을 이겨내지 못한다면 아무것도 할 수 없어. 그 두려움을 넘어서 한 걸음 나아갈 때 비로소 어떤 일에도 당당하게 맞설 수 있는 진짜 어른으로 자라나게 된단다.

사람에게는 누구나 한 가지씩 남들보다 뛰어난 것이 있어. 어떤 사람은 노래를 잘하고 어떤 사람은 그림을 잘 그리고, 어떤 사람은 운동을 잘하지. 그런데 어떤 것을 잘하는지는 해보지 않고서는 알 수 없단다. 그래서 도전은 중요하고 그 도전보다 더 중요한 것이 도전하는 마음과 태도야. 할 수 있다, 해보고 싶다는 자신감을 가지고 도전한다면 너를 더 행복하게 하는 일, 네가 잘하는 일을 찾을 수 있게 되고 찾는 것을 넘어서 무엇이든지 해낼 수 있는 사람으로 자랄 수 있단다.

너와 친구들이 좋아하는 KFC 이야기를 들려줄게. KFC를 만든 커넬 샌더스는 40세의 나이에 직장을 잃고 닭튀김 가게를 열었단다. 처음에는 가게가 무척 잘 되었어. 그런데 가게 가까운 곳에 고속도로가 생기는 바람에 손님들이 찾아올 수 없게 되면서 가게마저도 문을 닫아야 했단다. 너무 힘들었지만 커넬 샌더스는 나는 할 수 있다는 자신감을 가지고 닭튀김 기술을 사줄 가게 주인들을 찾아 나섰단다. 그리고 1,009번의 거절을 당하지만 포기하지 않고 도전해서 1,010째 만난 식당 주인에게 닭튀김 비법을 파는 데 성공했지. 그때 그 아저씨의 나이가 67세였으니 할아버지라고 할 수 있겠지? 그렇게 닭튀김 비법을 판매하게 되면서 KFC는 전 세계적으로 사람들에게 음식을 파는 체인점으로 발전하게 되었단다. 그리고 큰 부자가 되었지.

그 KFC 할아버지에게는 뭐가 있었을까? 돈도 친구도 가족도 없었단다. 오로지 자기 자신을 믿는 마음과 포기하지 않는 희망만이 있었을 뿐

이야. 그리고 그 마음이 끝내는 성공으로 변신해서 선물로 찾아왔단다.

아들아, 무슨 일이든 '할 수 없다'고 생각하면 정말 그 일을 할 수 없다. 그리고 그렇게 마음 먹는 것이 습관이 되면 정말 아무것도 할 수 없게 되고 자신보다 못한 사람들하고만 어울리며 '나는 어차피 잘 못하니까'라고 자포자기하지. 하지만 '할 수 있다'고 생각하고 조금씩, 하나씩 다가가다 보면 많은 일들이 어렵지 않게 풀려가고 어느새 잘 해내고 있는 나를 발견하게 된단다.

두려움은 자연스러운 것이지만 두려움에 빠져서 시작조차 못 한다면 행복한 삶에는 다가갈 수 없어. 엄마와 아빠는 네가 어떤 일을 하든 성공과 실패와 상관없이 응원해 줄 거야. 그리고 무한한 가능성이 있는 너를 믿고 사랑한단다.

자신감을 키우려면 매일 아침 거울을 보면서 '나는 소중한 사람이다' '나는 오늘 하루를 잘 쓸 수 있다' '나는 해낼 것이다'라고 말해보는 것이 좋아. 이렇게 너 자신에게 긍정의 주문을 외우다 보면 꿈을 찾는 사람, 전진하는 사람으로 나아갈 수 있단다.

사람에게 꿈은 없어서는 안 될 소중한 목표란다. 그리고 그 꿈은 자신감이라는 밥을 먹고 쑥쑥 자라나지. 아들아, 너의 꿈을 찾고 키우길 바란다. 그러기 위해서 자신감을 갖고 도전하며 행복한 삶을 살기 바란다.

05
예의는 사람을 돋보이게 한다

아빠가 퇴근을 하고 집에 돌아오면 참 기분이 좋다. 네가 초인종 소리를 듣고 현관에 서서 아빠를 맞이해주기 때문이야. 반갑게 인사하는 너를 보면 하루 동안의 피로가 눈 녹듯이 풀리면서 내가 아들을 참 잘 키웠다는 뿌듯함이 밀려와.

아빠는 네가 유치원에 다닐 때부터 예의를 알려주려 많은 애를 썼단다. 어른들을 보면 먼저 정중하게 인사하고, 밥을 먹을 때는 조용히 꼭꼭 씹어 먹으며, 항상 감사하다는 표현을 하도록 가르쳐주었지. 그리고 네가 잘 따라와 주어서 대견해.

아들아, 예의는 사람만이 할 수 있는 아름다운 표현이자 서로를 존중하기 위해 만든 약속과도 같다. 이 예의를 잘 갖추게 되면 품위 있는 사람이 되고 많은 사람에게 신뢰를 얻으면서 마음을 사로잡을 수 있지. 그래서 예의를 갖춘 사람은 첫인상에서 좋은 느낌을 줄 수 있고 많은 이에게 사랑을 받는단다.

그런데 이 예의가 조금은 복잡하기 때문에 어렵게 느껴질 수도 있고 어쩔 때는 귀찮게 여겨지기도 해. 하지만 그렇다고 예의를 사소하게 생각하고 지키지 않는다면 네가 만나는 사람들에게 불쾌감을 줄 수 있단다. 그것은 부메랑처럼 너에게, 그리고 제대로 가르쳐주지 못한 엄마 아빠에게 돌아오기 때문에 꼭 지켜야 한다.

예의는 상황에 따라, 사람에 따라, 장소에 따라 달라. 아빠가 어른들이나 친구들을 만나면 반갑고 정중하게 인사를 하라고 했을 거야. 그런데 슬픈 일이 있는 사람에게 웃으면서 인사를 한다면 그것은 예의가 아니라 실례겠지? 또 네가 약속을 지키지 않아서 친구가 기분이 상해 있는데 밝게 인사를 한다면 그것도 실례야. 예의는 상대의 입장과 기분, 그리고 장소를 잘 살펴야 해.

여러 사람이 모인 자리에서 큰 소리로 떠들지 않고, 어른이나 선생님이 자리에 들어오시면 일어나서 맞이하며, 밥을 먹을 때는 어른이 먼저 수저를 들 때까지 기다리고, 맛있는 반찬만 골라 먹지 않고 양보할 줄 알아야 해. 그리고 항상 너에게 도움을 준 사람에게 고마움의 표현을 해야 한다.

예의는 복잡해 보이지만 한 가지만 명심한다면 하나도 어렵지 않단다. 그것은 나만큼 상대방도 중요하다는 마음이야. 엄마, 아빠, 선생님, 친구들, 아파트 경비 아저씨, 급식을 나눠주는 아주머니들 모두 소중한 사람이라고 생각하면 예의를 지키기 쉽단다.

어른들 중에도 예의가 없는 사람이 참 많아. 아빠도 예의 없는 어른들을 자주 보곤 한다. 식당에서 음식을 날라주는 아주머니들에게 큰 소리로 명령하듯 이야기하는 어른들을 볼 때가 있는데 그런 어른을 만나고 나면 눈살이 찌푸려져. 이떤 사람들은 자기가 대집을 받아도 된다고 여겨시년 함부로 말하고 소리를 치면서 다른 사람을 무시한다. 그런데 세상에는 무시를 받아도 될 사람은 아무도 없단다. 또 그렇게 예의를 지키지 않으면 상대방은 겉으로는 웃으면서 대할지 몰라도 속으로는 싫어하기 마련이지.

아들아, 네가 예의를 잘 지키면 그것은 다른 사람을 대접해주는 것이 아니라 너를 대접해주는 것이고 너를 돋보이게 하는 것이다. 작은 예의를 잘 지키면 품위로 자리 잡아서 많은 사람이 너를 좋아하고 존중해준다.

예의를 지키는 것이 가식이고 거짓이라고 말하는 사람도 있어. 하지만 그 말은 틀린 말이야. 예의는 사람의 기본이고 나이가 어린 동생에게도 친구에게도 꼭 지켜야 하는 것이다.

혹시 예의가 어떤 것인지 잘 모르겠다면 언제든지 아빠에게 물어보렴. 아빠가 자세하게 알려주마. 아들아, 작은 예의를 소중히 지켜라. 그러면서 너를 존중하는 사람으로 자라거라.

06
노력만큼 정직한 것은 없다

거리를 걷다 보면 종종 복권을 파는 작은 가게들이 보인다. 사람들은 행운을 꿈꾸고 단숨에 얻기 위해서 복권을 사지. 하지만 대부분은 복권 당첨이 되지 않아. 그런데 아주 가끔씩 그 행운을 가지는 사람들도 있어.

복권에 당첨되면 얼마나 좋을까 너도 생각해본 적 있니? 아빠도 종종 상상을 하기는 하지만 알고 있단다. 복권에 당첨된 사람들이 행복하기는커녕 불행한 인생을 살았다는 것을 말이야. 복권 당첨자들은 갑자기 늘어난 재물을 관리할 능력이 없었고 노력 없이 얻은 돈이었기 때문에 아까운 줄 모르고 썼어. 그래서 세계적으로 복권에 당첨된 사람들은 불행하게 살다가 외롭게 세상을 떠났단다.

아들아, 세상에는 노력 없이 얻을 수 있는 것은 없단다. 그리고 노력 없이 생겨난 것들은 진짜 내 것이 아니기 때문에 쉽게 사라져버리지. 마치 복권 당첨금처럼 말이야.

아빠도 살아오면서 참 많은 노력을 했어. 아주 작은 것부터 커다란 것까지 노력 없이 이뤄진 것들은 아무것도 없었지. 학창시절에는 공부를 잘하려고 노력했고 직장에 다니면서는 회사 일을 잘하려고 노력했고 지금은 엄마와 함께 너를 잘 키우기 위해 노력하고 있다. 사람이 살아가는 모든 과정은 작은 노력들이 모여서 이뤄진 것과 같아.

노력이라고 하면 흔히 고통스럽다고 생각하지? 힘들게 땀을 흘리는 운동선수가 떠오르기도 하고 며칠 동안 잠도 제대로 못 자고 공부에 매달리는 대학생들이 떠오르기도 하고 말이야. 맞아. 노력은 결코 쉽지 않은 일이야. 하지만 고통스러운 것만도 아니란다.

내가 노력해서 얻은 결과는 무척 값지게 느껴진다. 요즘 네가 영어 공부를 하느라 많이 힘들어 하는데 영어를 배우는 것이 지금 당장은 어렵게 느껴지고 하기 싫을 수도 있지만 포기하지 않고 하다 보면 그 시간들이 차곡차곡 쌓여 어느 순간 유창하게 영어로 말하고 들을 수 있는 너를 발견하게 돼. 그리고 영어를 잘하게 된다면 어른이 되었을 때 세계를 여행하면서 불편함 없이 의사소통을 할 수 있지. 네 노력으로 가진 결과기 때문에 무척이나 자랑스러울 거야.

또 노력이 가치 있는 것은 그 과정 때문이란다. 아무리 노력해도 원하는 만큼 결과가 나오지 않을 때가 있어. 그래도 노력을 했기 때문에 후회나 미련이 남지 않고 최선을 다하는 힘을 가질 수 있게 된단다. 어떤 일에 마음을 다해 노력했다면 다음에 비슷한 일이 벌어졌을 때는 그보다 더 쉽게, 그리고 빠르게 적응할 수 있고 좋은 결과도 얻을 수 있지. 그래서 이 세상에 헛된 노력은 없다는 것이란다. 모든 노력은 값진 것이고 정직하게 보답을 해주지.

게으른 사람들은 귀찮은 마음을 숨기면서 노력도 해보지 않아. 사실 도전해보지 않고, 노력을 해보지 않고는 알 수 없는 일인데 말이야.

아들아, 게으름은 시간과 능력을 갉아먹는 나쁜 바이러스란다. 그리고 게으름은 해보지도 않고 포기하는 사람들이 자기 자신에게 주는 흔한 변명이야. 게으른 사람은 '내가 할 수 있는 일이 아니야'라고 말하면서 어려운 일을 불가능하게 생각하지. 사실 몸과 마음을 다해서 노력한다면 못할 일은 많지 않은데 말이야.

어렵고 귀찮게 여겨지는 일이 너에게 온다면, 그 일을 좋은 기회라고 생각하고 최선을 다해 노력을 해보렴. 하나씩 하나씩 이겨나가다 보면 처음엔 어렵다고 여겨지는 일도 점점 쉬워지게 되고 결국에는 좋은 결과로 맺어져 너에게 보답을 할 거야. 운동도, 공부도, 취미 생활도 모두 마찬가지다. 해보지도 않고 나는 할 수 없다고 말하는 것은 부끄러운 일이야. 겁내지 말고 도전하고 노력이라는 신나는 과정을 즐기길 바란다.

07
어리석은 사람일수록 거짓말을 잘한다

아들아, 세상에서 가장 어리석은 게 뭘까? 아빠는 거짓말이라고 생각해. 거짓말은 잠시 잠깐, 순간을 벗어나게 만들 뿐 아무것도 해결해 주지 않고 결국에는 나 자신을 망가뜨린단다.

아빠는 네가 어릴 때 〈양치기 소년〉 같은 동화를 일부러 많이 읽어 주었다. 거짓말 하는 사람은 아무도 믿지 않는다는 걸 알려주고 싶어서 말이야.

그렇다면 왜 사람은 거짓말을 할까? 대부분 무언가를 숨기고 싶거나, 부끄럽거나, 남보다 더 잘나 보이고 싶을 때 거짓말을 하지. 그런데 거짓말을 통해서는 원하는 걸 아무것도 이룰 수 없단다. 영원히 비밀로 남겨

질 거짓말은 없기 마련이고 대부분 사람은 상대방이 거짓말을 하는 걸 눈치 채기 때문이야.

아들아, 거짓말은 아예 처음부터 하지 않는 것이 좋아. 사람들은 지금 당장의 상황을 무마하기 위해 거짓말을 하는데 어떤 거짓말로도 진실은 덮어지지 않지. 또 한 번 거짓말을 시작하게 되면 그 뒤에 다시 더 큰 거짓말을 해야 한단다. 그러다 들통이 나게 되면 사람들에게 손가락질을 받는 것은 물론이고 나 자신에게도 실망하게 돼.

거짓말쟁이로 한번 여겨지면 좀처럼 되돌리기 어렵단다. 세상에 거짓말쟁이를 좋아하는 사람도 없고 이해해주는 사람도 없기 때문이야. 그 상황을 벗어나기 위해 노력을 해도 잘 믿어주지 않기 때문에 거짓말쟁이는 외톨이가 되기 쉽단다.

아들아, 순간의 실수로 거짓말을 하게 된다면 되도록 빨리 사실을 고백하고 용서를 구하길 바란다. 그게 너를 위한 길이야. 거짓말을 고백하는 것이 부끄럽고 어렵게 느껴질지 몰라도 계속 거짓말을 하면서 너와 주변을 속이는 것보다 훨씬 나은 일이란다. 사람들은 거짓말쟁이는 싫어하지만 자신의 잘못을 고백하고 용서를 구하는 사람은 용기가 있다고 여기며 받아주지. 거짓말은 하지 않는 것이 가장 좋고 이미 했다면 더 커지기 전에 얼른 빠져나와야 한다. 거짓말이 조금이라도 습관이 된다면 평생을 당당하게 살지 못하기 때문이야.

거짓말과 같이 너 자신을 망치는 안 좋은 것에는 변명이 있어. 핑계 없는 무덤 없다고 무슨 잘못을 하거나 일이 제대로 안 되었을 때 왜 그랬는지 자기를 변호하며 변명을 하기 쉽다.

아들아, 사람은 누구나 실수를 할 수 있고 실수를 하기 때문에 사람이다. 그리고 실수를 통해서 깨달음을 얻고 성장하는 것이 사람이야. 실수를 했다면 솔직하게 인정하고 양해를 구하는 것이 좋아. 너의 잘못을 피해가기 위해서 다른 사람 핑계를 댄다던가 상황을 탓한다면 너는 책임감이 없는 사람, 남 탓만 하는 사람으로 되기가 쉬워. 그리고 신뢰를 잃게 된단다.

저녁에 게임을 하다가 논 탓에 숙제를 해가지 못했다면 선생님께 솔직하게 숙제에 신경을 쓰지 않아서 해오지 않았다고 말씀드리고 용서를 구해야 한다. 그럼 비록 혼은 날지언정 변명과 거짓말을 하는 아이란 편견은 피해갈 수 있지. 친구들 사이에서도 마찬가지야. 네가 약속을 지키지 못했다면 이런저런 핑계를 대는 대신 미안하다고 말하고 다음부터는 이런 일이 없게 노력하겠다고 약속해주면 된다.

실수를 했으면 깨끗하게 용서를 구하고 떳떳하게 살아가야 해. 거짓말과 변명을 잘하는 사람은 다른 사람에게 잘못을 돌리면서 상황을 피해야 하기 때문에 비겁한 것이 특징이야. 비겁한 사람은 자기 자신에게도 당당하지 못한단다.

용서를 구하는 것은 자존심을 버리는 일이 아니란다. 오히려 용기를 냈기 때문에 두고두고 칭찬을 받지. 용기는 진정한 강자만이 가질 수 있는 거야.

아들아, 비겁한 거짓말쟁이가 되지 말고 용서를 구할 줄 아는 용기 있는 사람이 되거라. 그런다면 너의 양심과 명예는 영원히 지킬 수 있을 것이야.

08
건강보다 소중한 것은 없다

엄마가 너를 가졌을 때, 엄마 아빠 소원은 오로지 네가 건강하게 태어나는 것이었단다. 네가 건강한 모습으로 세상에 나와 울음을 터트렸을 때 아빠는 너무나 감사한 마음에 기도를 올렸지.

아들아, 너는 아직 어리기 때문에 건강이 주는 고마움을 알지 못하는 것 같다. 건강은 이 세상에서 어떤 것과도 바꿀 수 없는 보물 제1호와 같아. 건강한 몸을 가지고 있다면 할 수 없는 것이 없단다. 가고 싶은 곳도 거리낌 없이 가고 먹고 싶은 것도 먹고 하고 싶은 일도 할 수 있지. 그런데 몸이 불편하면 당장 밥을 먹는 것도 불편하게 여겨져.

네가 감기에 걸려서 며칠 동안 앓을 때를 생각해보렴. 자리에서 일어나는 것도 어렵고 학교 가는 것도 힘들고 입맛도 없지 않았니. 그런데 감기가 낫고 나니까 아무렇지도 않게 일상생활이 가능해졌어. 건강은 이렇게 아프지 않을 때는 그 소중함을 느낄 수 없지만 조금이라도 잃어버리면 많은 제약이 따른단다.

어릴 때의 건강은 평생의 건강을 좌우한단다. 어릴 때 건강한 몸을 다져놓지 않으면 기본 체력이 약해져서 어른이 되어서도 약한 몸으로 살게 돼. 건강은 습관과도 같아서 건강하게 사는 습관, 건강을 유지하는 습관을 갖는 것이 중요하단다.

아들아, 건강을 유지하려면 잘 자고, 잘 먹고, 운동을 해야 한단다. 너는 가끔 텔레비전을 보거나 게임을 하느라 늦게까지 자지 않고 있더구나. 가끔은 공부를 하면서 밤까지 책상 앞에 있기도 하지. 그런데 잠을 제때 푹 자지 않으면 키가 제대로 크지 않을 뿐만 아니라 다음날 컨디션도 맑게 유지하기 어려워. 캐나다 같은 나라에서는 어린이들이 8시면 잠자리에 든다. 왜 그럴까? 푹 자야 키도 크고 머리도 맑아지며 잠으로 다져진 체력이 활기를 가져다주기 때문이야. 텔레비전을 보거나 게임을 하는 건 지금 당장 즐겁지만 다음 날의 생활을 망가뜨리기 쉽단다. 그러니까 일찍 자고 일찍 일어나서 맑은 정신으로 하루를 시작하도록 해라. 그러면 하루가 활기차게 느껴질 거고 공부도 더 잘하게 된다.

식사를 할 때는 인스턴트나 기름진 것은 피하고 채소 위주로 해야 해. 인스턴트 음식을 많이 먹으면 당장에 맛이 있을지는 몰라도 살이 찌고 기

분을 나쁘게 만들며 건강에도 좋지 않아. 햄버거나 피자, 치킨 같은 것은 영양가도 없을 뿐 아니라 지나치게 많은 열량으로 몸을 피곤하게 만든단다. 달콤한 음식도 마찬가지지. 아빠도 어릴 때 너처럼 패스트푸드를 좋아해서 할머니에게 자주 주의를 듣곤 했어. 그래도 당장 맛있기 때문에

즐겨 먹었는데 그러다 보니까 배가 나오고 몸에 힘이 없어져서 요즘에는 피하고 있단다. 엄마가 해주시는 김치, 채소 반찬, 과일 등을 자주 먹다 보면 맛도 있고 몸에도 좋은 에너지를 준단다.

매일 조금씩 운동을 하는 것도 건강을 지키는 데 큰 도움을 주지. 사실 운동은 평생을 두고 해야 한다. 운동은 사람에게 건강을 줄 뿐만 아니라 재미도 주고 활력도 준다. 네가 친구들과 뛰어 노는 것도 좋은 운동인데 실컷 놀고 나면 즐겁다는 기분을 느낄 거야. 몸을 움직이는 것은 일상생활에서 주는 스트레스를 털어버리고 새로운 기운을 불어 넣는 좋은 활동이란다. 운동은 꼭 어디 도장이나 헬스클럽에 가야만 할 수 있는 것이 아니야. 엄마 아빠와 같이 산책을 하는 것도 운동이고 맨손체조를 하는 것도 운동이란다.

이 운동은 날마다 조금이라도 빼놓지 않고 하는 것이 중요한데 매일 하기 어렵다면 일주일에 세 번은 반드시 한다는 규칙을 정해두고 하면 된다. 운동이 재미있는 건 오늘 100미터를 뛰었다면 내일은 110미터를 뛸 수 있는 것이다. 하면 할수록 조금씩 체력도 길러지고 더 잘할 수 있는 게 운동이지. 운동은 정직해서 한 만큼, 노력한 만큼 건강과 체력으로 돌아온단다.

아들아, 잠자는 것과 식사, 운동 말고도 또 지켜야 할 것이 더 있다. 그것은 밝은 마음을 가지고 긍정적인 생각으로 지내는 것이다. 무슨 일을 하든 불평보다 감사함을 먼저 생각하고 임한다면 밝은 표정, 진취

적인 태도가 생겨나고 그것은 어떤 운동보다 어떤 보약보다 너를 더 건강하게 해주지. 생각이 몸을 좌우한다는 말을 잊지 말거라.

또 외출하고 돌아오면 손과 발을 깨끗하게 씻는 습관을 들여라. 이 습관이 든다면 사소한 병이 들지 않는단다.

아들아, 건강한 몸은 행복한 생활의 기본이란다. 몸이 망가지면 어떠한 것도 해낼 수 없다는 걸 마음에 새기고 건강한 몸으로 활기찬 인생을 살길 바란다.

09
한 가지 모습으로 편견을 갖지 말거라

얼마 전에 길을 걷다가 허름하게 옷을 입은 사람이 구걸을 하는 것을 너와 함께 보았지. 그때 너는 "아빠, 저 사람은 게을러서 거지가 됐지요?" 하고 말을 하는 것을 보고 아빠는 깜짝 놀랐단다. 물론 네 말처럼 게을러서 거리에서 구걸을 할 수도 있어. 하지만 그 사람이 그렇게 된 이유가 다른 것일 수도 있지. 그래서 겉으로 보이는 모습, 어느 한 가지 모습으로 사람을 판단하는 것은 위험한 것이란다.

아빠는 가끔 아빠가 일러주지 않는 방법으로 네가 행동하면 놀랄 때가 있단다. 그럴 때 아빠는 얼른 네가 실수를 하거나 몰라서 그랬다고 생각하고 고쳐주려고 마음을 먹곤 해. 너의 모습 한 가지를 보고 쉽게 실망하거나 판단하려고 하지 않는단다. 만약 아빠가 편견을 가지고 너를 대한다면 상처를 주고 네 마음을 몰라주는 것이 되어버리기 때문이야.

아들아, 편견이란 보여지는 모습 하나로 사람을 판단하는 것을 말한다. 그리고 어느 한 쪽으로 치우쳐서 그게 사실이고 진실이라고 믿어버리는 것을 말하지. 편견은 사람이라면 누구나 가질 수 있지만 가져서는 좋지 않은 생각이다.

좁은 생각과 섣부른 판단을 가진다면 이 세상에서 벌어지는 많은 일이 사실과는 다르게 여겨지게 된다. 공부를 잘하는 친구가 대단하게 여겨져서 무조건 그 친구의 말이 옳다고 생각하는 것도 편견이고 옷차림이 초라한 친구를 마음으로 무시하는 것도 편견이란다.

편견으로 대하게 되면 세상은 불가능으로 가득해 보여.

아주 옛날에는 여자 대통령이 없었단다. 대통령은 남자가 하는 것이 당연하게 여겨졌지. 그런데 지금 우리나라에는 여자 대통령이 있지? 만약 사람들이 여자는 대통령이 될 수 없다는 편견에 사로잡혀 있었다면 여자 대통령이 나라 일을 보지 못했을 거야. 또 말레이시아의 어떤 은행에서는 가난한 사람은 게으르다는 편견을 깨고 믿음을 주어서 재기를 도왔단다.

아빠는 그 은행 이야기를 해주고 싶구나.

가난한 나라 방글라데시에서는 그라민 은행이 있단다. 그라민 은행은 그 나라 사람 중에서도 아주 가난한 사람에게 돈을 빌려주지. 가난한 사

람은 게으르고 신용도 없다고 사람들이 여기지만 그 편견을 깨고 돈을 빌려준 것이다. 그리고 이웃과 함께 서로 보증을 서도록 하지. 사람들은 이웃에게 피해를 끼치지 않게 하기 위해서라도 열심히 일했단다. 은행에서 빌린 돈을 밑천으로 해서 가축을 기르거나 장사를 해서 열심히 돈을 벌어 갚은 거야. 그 결과 많은 이가 가난에서 벗어났고 지금 그라민 은행은 가난한 사람과 함께 성장하고 있단다.

아들아, 편견은 쉽게 가질 수 있지만 가져서는 안 되는 것이란다. 그리고 눈에 보이는 것이 전부가 아니야. 사람의 사고 방식은 간단히 바뀔 수 있는 것이 아니라서 한번 부정적인 편견을 가지게 되면 벗어나기가 어려워.

편견은 생각을 가두는 상자와 같아서 마음의 크기를 작게 만들고 자유로움을 없애버린단다. 깊게 생각하기 전에, 진실을 알기도 전에 '아마도 그럴 것이다'라고 단정짓기 때문이야.

너도 너의 마음과는 다르게 실수를 할 때 어떤 마음이 드니? 엄마 아빠나 선생님, 친구들이 너의 진짜 마음을 알아주고 기다려주기를 바라지 않니? 그런 마음을 너도 가지고 친구들을 대하고 세상을 대하길 바란다.

편견을 갖지 않기 위해서는 다양한 사람을 만나고 많은 책을 읽는 것이 좋아. 그리고 진지하게 생각하는 마음 자세를 갖는 것이 좋단다. 경험보다 더 큰 선생은 없으니 다양한 경험을 통해서 마음의 크기를 늘려가길 바란다. 그리고 다른 사람의 말을 진지하게 경청하다 보면 옳고 그름을 판단하고 받아들이는 그릇이 더 커질 것이야.

10
너만의 생각으로
너의 인생을 살거라

아들아, 아빠가 부끄러운 고백 한 가지를 해야겠구나. 아빠는 종종 아빠의 생각이 아닌 다른 사람의 의견에 따라 결정을 하는 실수를 하곤 했다. 물건을 사거나 여행을 가거나 하다못해 너를 대할 때도 아빠는 가끔 아빠의 의견보다 주변에서 좋다고 하는 걸 따랐지. 보다 나은 것을 택하려고 한 것이지만 후회가 돼. 그게 결과가 좋지 않을 때는 더 그렇단다.

아빠는 그래서 결심을 했다. 중요한 문제일수록 남의 의견보다는 나의 생각으로 결정을 해야겠다고 말이야. 그리고 아들 너도 너만의 생각으로 너의 인생을 살도록 도와주어야겠다고 다짐했어.

아들아, 친구들이 여럿 모여서 조별 과제를 하거나 놀이를 할 때,

친구들의 의견을 받아들이는 것도 좋지만 너의 생각을 표현하는 것도 중요하다. 어떤 사람은 자기가 의견을 내면 문제가 생기고 다른 사람이 불편해할까 봐 아예 말조차 하지 않지. 겉으로 보기엔 이해심이 많고 배려가 많게 느껴지지만 항상 그렇다면 무시를 당하게 된단다.

저 사람은 원래 자기 의견이 없으니까, 저 사람은 무슨 일이든 하자는 대로 따르니까, 이렇게 사람들이 인식하게 되면 중요한 순간에 네가 의견을 내도 아무도 귀담아 듣지 않지.

친구들과 사이좋게 어울려 지내는 것도 중요하지만 사이좋게 지내는 것이 무조건 친구에게 양보하는 것은 아니란다.

우리 속담에 '자기 밥그릇은 자기가 챙긴다'는 말이 있어. 이 말은 자기 몫, 자신의 자리, 자신의 이익은 내가 아니면 아무도 돌봐주지 않는다는 말이야. 이기적으로 행동하는 것은 좋지 않지만 의견조차 내지 않고 줏대 없이 이리저리 끌려다니는 것도 좋지 않단다. 남을 생각하면서도 너의 자리를 지키는 방법은 무궁무진하게 많아.

아들아, 네가 좋아하는 것, 원하는 것, 싫어하는 것을 정확하게 알고 표현하도록 해라. 표현은 겸손하고도 부드럽게 하면서 의견은 확실하게 전달되어야 해. 그래야 친구들도 너의 기분과 의견을 알고 배려해준단다.

깊이 생각하는 것이 귀찮은 사람은 자신에 대해서도 생각하지 않고 그냥 편한 게 좋다는 식으로 대충대충 사람들에게 끌려가곤 해. 그리고 어

떤 사람은 어른이 되어서도 자기가 뭘 좋아하는지, 뭘 원하는지, 어떤 방식으로 살고 싶은지도 모르지. 내가 좋아하는 것, 나만의 생각을 갖는 것은 연습을 하고 시도를 해봐야 알 수 있는 거란다.

아들아, 내 생각을 남에게 알리지 못하는 사람은 '우리 엄마가 그러는데' '일반적으로 이렇게 하는데' 하면서 얼버무려. 자신의 생각이 옳은지 그른지 알지 못하니까 자신이 없어서 그렇지. 지식이 부족하면 더 그렇단다.

세상에서 '일반적으로' 통하는 것들 중에는 잘못된 것들도 많아. 그래서 세상은 항상 변화하고 좀 더 나은 것들을 향해서 발전하고 있어. 이렇게 하는 것이 일반적이라는 말에는 더는 생각하기 귀찮다는 속마음이 들어있는 경우가 많단다. 이 책을 읽는 것, 이 물건을 쓰는 것, 어떤 일을 할 때 이런 실수를 하는 것 등 일반적으로 벌어지는 일에는 핑계라는 그림자가 따라다니기 마련이란다. 그래서 현명한 사람들은 일반적이란 함정에 빠지지 않고 교활한 사람일수록 그 함정에 잘 빠진단다.

자신만의 생각을 갖는 것은 하루아침에 되는 게 아니야. 조급한 마음은 먹지 말고 더 열심히 책을 읽고 지식을 쌓으렴. 그리고 '누가 그러는데'라는 말 대신 이 말을 연습해보렴. '내 생각에는' '내가 알기로는'. 이런 연습을 하고 충분한 지식과 너만의 견해를 갖추다 보며 나를 전달하는 사람, 내 인생의 주인으로 살 수 있을 거야.

11
자만심이란 허울은 갖지 말아라

아들아, 너는 어떤 어른이 멋있어 보이니? 부자? 아니면 일류대학을 나온 사람? 아니면 네가 좋아하는 게임을 정말 잘하는 프로게이머? 그래, 모두 다 멋있는 사람들이다. 그런데 아빠는 그런 눈에 보이는 것보다 더 중요한 것을 말해주고 싶다. 그건 바로 뛰어남을 가지고 있는데도 불구하고 겸손한 사람이란다.

아빠가 존경하는 대학 은사님은 정말 겸손한 분이야. 제자인 아빠에게 항상 힘이 되는 이야기를 해주시고 아빠의 이야기를 귀 기울여 들어주시지. 그리고 은사님의 뜻대로 하기 위해 강한 의견을 내기보다 여러 사람의 의견을 반영하기 위해 노력하신단다. 그런 은사님을 아빠는 존경하면서 닮으려고 애쓰고 있어.

아들아, 많이 가진 사람일수록, 많이 아는 사람일수록 자기 자신에게 취해 있지 말아야 한다. 만약 아빠의 은사님이 권위적인 태도로 명령을 한다면 아빠를 비롯한 많은 제자가 존경을 보내기는커녕 피하려고 했을 거야. 그런데 은사님은 오히려 낮은 자세로 다가오셨기 때문에 큰 사람으로 대접을 받으신단다.

너도 언젠가는 어른이 되고 어느 한 분야에 전문가가 될 테지. 아들아, 지식이 많아질수록 전문성을 갖출수록 자만심이란 허울을 갖지 않길 바란다.

자만심은 자존심과는 달라. 자존심은 자기 자신에게 가지는 긍지이지만 자만심은 내가 남들보다 낫다고 으스대며 남을 깔보는 값싼 마음이란다.

내가 남보다 이 분야에 대해 조금 더 안다고 으스댄다면 사람들에게 '잘난척을 한다' '꼴불견이다'라는 손가락질을 받기 십상이야. 대부분 사람은 자기가 아는 분야가 생기면 자랑하고 싶어 하지. 그런데 정말 훌륭하고 학식이 높은 사람은 자기 자신을 함부로 드러내지 않고 조용히 사람들을 도와준단다.

아들아, 많이 배울수록 많이 가질수록 겸손한 마음으로 살아야 한다. 세상에는 똑똑한 사람이 많고 내가 많이 안다고 해도 그것이 전부는 아니란다. 조금 알았다고 해서 어설프게 아는 척을 하고 다른 사람을 깔본다면 너보다 더 많이 아는 사람이 금방 나타나서 무시를 당하게 된다는 걸

잊지 말아라. 현명한 사람은 자신보다 더 뛰어난 사람이 많다는 걸 알고 있기 때문에 쉽게 아는 척을 하지 않지.

또 어떤 사람은 그냥 책 속에 빠져서 지식이 전부인 줄 알고 어설픈 자기 주장을 하기도 해. 근데 이론과 실제는 다른 경우가 많아. 또 인생은 머리가 좋다고, 아는 것이 많다고 잘 사는 것만도 아니란다.

아빠는 시장에 가거나 집수리를 할 때 만나는 상인 할머니, 보일러 수리 아저씨에게 많은 걸 배운단다. 그분들은 아빠보다 지식은 짧을지 몰라도 지혜가 있는 분이야. 아빠가 아무리 식물 책을 많이 보았어도 제철 나물들에 대해서는 잘 모른다. 그리고 아빠가 뚝딱뚝딱 고장난 것들을 잘 고쳐도 보일러처럼 섬세한 것들은 못 고치지. 그분들은 아빠보다 배움이 짧아도, 세련되지 않아도 자기만의 지혜와 지식이 있단다.

아빠는 이분들 외에도 세상에서 수많은 선생님들을 만난단다. 학력도 낮고 다소 거칠어도 지혜가 가득한 사람들이 세상에는 넘치지. 그분들을 뵈었을 때 겸손하게 몸을 낮추고 지혜를 배워야 해. 책상에서 배운 지식이 아무리 많아도 체험으로 지혜를 터득한 사람보다 뛰어나진 않기 때문이야.

아들아, 아는 것이 많아지면 많아질수록 자만 대신 겸손을 친구로 삼도록 해라. 먼저 너의 뛰어남을 보이려 조급하게 굴지 말고 너의 차례가 오면 전력을 다해 능력을 펼치면 된단다. 그러면 인정도 받고 사랑도 받을 수 있어. 사람이 아는 것이 많아지면 남의 이야기를 듣지 않고 귀를 닫기 쉽지. 그런데 귀를 닫으면 더 이상의 발전은 없단다.

항상 귀를 열어라. 그리고 세상에 존재하는 수많은 사람을 선생님으로 여기고 그들의 지혜를 한껏 받아들이렴. 그러면 너라는 사람의 자체가 보석처럼 빛나게 된단다.

12
바른 말씨는 사람을 돋보이게 한다

엄마는 아침마다 단정하게 손질한 옷을 입게 해서 너를 학교에 보낸다. 그리고 나들이를 갈 때면 학교에 갈 때보다 조금 더 편안한 옷을 주고, 운동을 할 땐 체육복을 입게 하고 명절에는 평소보다 더 단정한 옷을 입게 하지. 겨울이면 따뜻한 옷을 여름이면 시원한 옷을 마련해주고 구두와 운동화도 상황에 맞게 갈아 신게 한다. 왜 그럴까? 때와 장소에 맞는 옷이 따로 있기 때문이야.

아들아, 말투는 사람에게 옷과 같다. 그 사람을 표현하고 드러내는 것이 바로 말투지. 비록 낡더라도 깨끗하고 단정하게 옷을 입은 사람은 좋은 인상을 주고 아무리 비싸고 세련된 옷을 입더라도 불량해 보인다면 신뢰감을 주지 않아. 그리고 때와 장소에 맞지 않게 옷을 입은 사람은 보는 사람이 불편하게 느껴진단다.

요즘 네가 쓰는 말을 듣다 보면 아빠는 놀랄 때가 있어. 말을 지나치게 줄여 쓰고 유행어를 섞어 쓰니까 무슨 말을 하는지 알아듣지 못하겠더구나. 물론 너희 친구들 사이에서만 통하는 말이 있을 거야. 아빠도 인터넷 용어, 외계어라고 불리는 말들을 써본 적이 있고 친구들끼리 그런 말을 하면 재미도 있었지. 그런데 그게 습관이 되고 몸에 익는다면 아무 데서나 그런 말들이 나오기 쉽단다. 그래서 아빠도 이젠 그런 말을 하지 않지.

아무리 예쁜 미남 미녀라 하더라도 입을 열었을 때 아무 말이나 막 나온다면 결코 예뻐 보이지 않아. 너도 길을 가다가 예쁜 누나가 있어 쳐다보았는데 그 입에서 비속어가 나온다면 눈살이 찌푸려지지 않았니? 또 새로운 친구를 만나면 처음에는 겉모습을 보지만 곧 입을 열어 인사를 해야 하지. 그런데 그 입에서 나오는 말의 억양이나 소리, 골라 쓰는 단어가 불량하다면 좋은 친구라는 인상을 못 받았을 거야.

똑같은 내용을 전하더라도 어떻게 말하느냐에 따라 평가가 달라진단다. 줄여 쓰는 말, 욕, 인터넷 용어 대신 세종대왕님이 만든 바르고 고운 우리말을 정확하게 사용한다면 네 말에 설득력이 있음은 물론 인격까지도 올바르게 칭송받는단다.

말은 옷과 같아서 속마음이 그렇지 않다 하더라도 겉으로 보이는 모습으로 쉽게 평가를 받아. 너는 재미를 주려고 비속어를 썼는데 그것이 '저 애는 장난만 치고 믿을 수가 없다'고 여겨질 수도 있어. 그러니까 말은 언제나 가려서 조심해야 한단다.

아직 어린 너에게 고운 말만 하라는 게 어렵게 느껴질 수 있겠지. 그러면 한 가지 중요한 것을 우선 지켜보도록 하자. 어떠한 경우더라도 욕은 하지 않는 것이야.

아이들이 텔레비전이나 폭력 영화를 보고 어른들이 하는 욕을 막 따라 하더구나. 그런데 아들아, 어른들도 그런 욕을 일상생활에서 하지 않는단다. 영화 속의 욕은 어른 중에서도 질 나쁜 사람들이 격한 감정을 겪을 때나 하는 거야. 그런 욕을 따라하면서 강한 사람이라고 느낀다면 그건 잘못된 것이란다.

강한 사람은 욕을 하지 않아. 왜 겁이 많은 강아지가 사람을 잘 문다는 말이 있지? 그 말처럼 욕은 자기 자신이 약할 때, 힘이 없을 때 자신을 방어하기 위해서 선택하는 나쁜 수단이란다. 진정한 강자는 욕 대신 자기 마음을 고운 말로 표현할 줄 안단다.

만약 네 친구가 욕으로 너를 대한다면 똑같이 욕을 할 것이 아니라 이성적으로 행동해야 하지. 순간 화는 나겠지만 너도 욕을 해서 똑같은 사람이 될 게 아니라 무시하거나 욕을 하지 말라고 단호하게 이야기하렴. 욕으로 자기 감정을 표현하는 사람은 나는 무식하다고 광고를 하는 것과 같기 때문이야.

아들아, 말은 사람의 품위를 결정하는 가장 큰 요소란다. 그러니 너의 품위의 첫단추를 예쁘고 단정하게 채우길 바란다.

13
좋은 친구와 깊은 우정을 맺어라

요즘 아빠는 학교에서 돌아오는 너의 얼굴을 자세히 살펴본다. 기분이 좋은지 나쁜지, 몸이 어디 안 좋은 것은 아닌지 네 얼굴을 보면 알 수 있기 때문이야. 가끔 네 얼굴이 어두워서 살펴보면 친구와 싸운 경우가 많더구나. 요즘 학교에서 왕따 문제가 심각한데 네가 친구와 싸웠다는 이야기를 들으면 아빠도 걱정이 된단다.

아들아, 아빠가 어릴 때는 지금처럼 왕따라는 게 거의 없었어. 그때는 지금처럼 경쟁이 심하지 않아서 그렇고 다들 형제들도 많았기 때문에 서로 양보하고 배려하는 마음씨를 갖고 있었기 때문이야. 그런데 요즘 너희 또래 아이들은 경쟁도 심하고 외동아이들이 많다 보니까 친구들 사이에서 어려움을 겪는 것 같다.

아들아, 좋은 친구를 갖는 것은 결코 쉬운 일이 아니란다. 그리고 좋은 친구가 되는 것도 쉬운 일이 아니지. 아빠는 네가 좋은 친구를 많이 갖기 바라고 더불어 좋은 친구가 되어주기도 바란다. 좋은 친구를 가진다면 그 어떤 재산보다도 더 마음을 든든하게 만들어주기 때문이야.

친구들 사이에서 따돌림당하기 싫다는 마음에 질 나쁜 친구와 어울리거나 쓸데없이 몰려만 다니는 친구를 사귀는 것은 결과적으로 너에게 좋지 못해. 놀고 싶다는 마음이 앞서 너의 장점을 이용하는 친구를 사귀는 것도 너에게는 해가 된단다.

사람을 볼 때 그 사람이 어떤 사람인지 알려면 그 친구를 살피라는 말이 있어. 서로 취미, 마음이 비슷한 사람들끼리 어울리는 것이 편하다 보니까 비슷한 사람끼리 친하게 되지. 또 어울리다 보면 닮아가기도 하고 말이야. 그래서 친구는 잘 사귀어야 하고 가려서 사귀어야 한단다.

좋은 친구는 너에게 배울 점을 알려주고 너의 단점도 지적해줄 수 있는 친구야. 그리고 너의 모자란 것도 감싸 안아주면서 믿어주는 친구란다. 함께 공부하고 함께 놀면서 서로를 격려하고 칭찬을 주고받는 것이 좋은 친구지. 힘들 때 같이 마음 아파해주고 기쁠 때 같이 기뻐해주는 친구가 있다는 것은 커다란 힘이 된단다. 그런 친구를 가진다면 굉장히 좋겠지? 그러려면 너 또한 친구의 단점도 위로해주고 격려해주어야 해.

아들아, 나쁜 친구는 처음에는 달콤하게 느껴진다. 같이 노는 것

이 즐겁기 때문에 단점이 잘 보이지 않지. 나쁜 친구는 무리지어 다니면서 거칠게 행동하고 그게 힘인 것처럼 자랑을 해. 그리고 너의 장점을 이용하고 칭찬해주는 척하면서 뒤에서는 험담을 늘어놓는단다. 제일 나쁜 친구는 우정이란 이름으로 싸움에 가담할 것을 강요하거나 왕따를 하는 데 참여하게 하는 거란다. 그 친구와 어울리기 위해서 다른 친구에게 상처를 주어야 한다면 너의 마음도 편하지 않을 거야. 만약 그런 일이 벌어진다면 혼자 고민하지 말고 아빠에게 털어놓도록 해라.

나쁜 친구는 아주 사소한 일에도 쉽게 관계가 나빠지고 사이가 멀어지면 이곳저곳에 욕을 하고 다니기 때문에 다른 친구들과의 관계도 망가뜨려버려. 친구는 잠시 잠깐 노는 상대가 아니라 네 사회생활의 첫걸음, 관계의 시작이기 때문에 무척이나 중요하지. 그래서 새로 친구를 사귈 때는 신중하게 잘 살펴보면서 마음을 나누어야 한다.

아들아, 좋은 친구는 너보다 공부를 잘하는 아이도 부잣집 아이도 아니란다. 진심으로 너를 대하면서 마음을 나눠주는 것이 좋은 친구야. 만약 좋은 친구를 사귀었는데 잠시 잠깐 다툴 수도 있어. 하지만 그랬다고 해서 너무 상처 받지도 말길 바란다. 다툼은 사람이 살아가면서 피해갈 수 없는 일이고 다툼을 통해서 서로를 더 이해하고 더 사랑하게 돼.

몇 번 싸웠다고 해서 우정이 깨지는 것은 아니란다. 오히려 다툼을 통해서 더 단단해지는 경우가 많지.

어른이 되면 친구를 사귀기가 굉장히 어려워. 어른들은 너희처럼 순수한 마음을 갖고 있지 않기 때문에 마음을 쉽게 열지 않는단다. 그래서 어릴 때 친구, 자라면서 많은 추억을 함께한 친구가 소중한 것이란다. 좋은 친구를 사귀어 옆에 두면 평생 동안 벗으로 여기며 의지할 수 있지.

친구를 소중히 여기고 사랑해라. 그리고 사랑받아라. 지금 네 곁에 있는 친구가 먼 훗날까지도 네 옆에서 힘이 되어줄 수 있을 거야.

14
배울 점이 있는 사람을 사귀어라

아들아, 아빠는 종종 너에게 많은 것을 배운단다. 너는 긍정적이고 호기심이 많고 따뜻한 마음을 가졌지. 밝고 순수한 너를 보면서 아빠도 잃어버린 동심을 찾게 되고 기분이 좋아진단다. 그래서 아빠도 너처럼 건강한 호기심을 갖기 위해 노력하고 있어.

아빠는 종종 너에게 좋은 친구를 사귀고 좋은 친구가 되어주라고 말한다. 그리고 한 가지 더 말해주고 싶은 것이 있어. 배울 점이 있는 사람을 친구로 사귀라는 거야.

사람은 누구나 성격이 다르고 장점도 달라. 그래서 내가 갖고 있는 것을 남이 가지고 있지 않을 때가 있고 남이 갖고 있는 것이 내게는 없을 때도 있지. 배울 점이 있는 친구를 갖게 되면 거울처럼 들여다보면서 그 친구의 장점을 닮아갈 수 있단다.

　아빠가 말하는 배울 점이 있는 친구는 공부를 잘하거나 운동을 잘하는 친구가 아니야. 마음이 따뜻한 친구, 친절한 친구, 무엇이든 노력하는

친구, 실패해도 다시 오뚝이처럼 일어나는 친구, 친구관계가 원만한 친구 등 일상사에서 너에게 어떤 식으로든 모범이 되어줄 수 있는 친구를 말해. 그러려면 그런 친구를 찾아내는 것도 중요하지만 현재 네 곁에 있는 친구의 장점을 발견하는 것도 중요하단다.

배울 점이 있는 친구를 사귀게 되면 너도 그 친구들처럼 뛰어난 사람이 된단다. 하지만 수준이 낮은 친구를 사귀면 너의 수준도 그만큼 떨어지게 돼. 어울리는 사람에 따라서 사람은 변화를 겪게 되니까 말이야.

유익한 친구들과 시간을 보내면 노는 것도 하나의 풍부한 경험이 되어준단다. 그래서 올바르게 성장하고 발전하고 싶다면 너보다 조금이라도 나은 점이 있는 친구와 어울리는 것이 좋아.

해가 되는 친구는 어떤 장점이나 덕도 없을뿐더러 무조건 네 비위를 맞추고 단점까지도 칭찬하는 친구야. 이런 친구는 너와 친하다는 것을 자랑삼아 떠벌리고 다니면서 무조건 비위를 맞추지. 이런 친구는 처음에는 달콤하게 여겨지지만 너의 발전에는 도움이 되지 않는단다. 거기다가 이 친구가 못된 마음을 먹는다면 어느 한 순간 험담을 하면서 너를 곤란하게 만들기도 해.

그렇다면 왜 이런 아이와 쉽게 친구가 되는 걸까? 그건 허영심 때문이란다. 자기보다 못한 친구들 속에 있다 보면 내가 대장이 된 것 같고 값싼 칭찬과 대우를 받을 수도 있지. 도움이 되지 않는 찬사 속에 있고 싶어서 수준이 낮은 친구와 어울리는데 그렇다 보면 어느 순간 그 친구와 똑같은 사람이 되고 만단다. 친구들을 내 마음대로 조정하고 싶은 마음에 회복하기 어려운 실수를 저지르는 거야. 그러고 나면 다시 네가 배우고 싶은 친구들과 어울리기는 힘이 든단다.

아들아, 친구는 서로를 존중해주면서 발전할 수 있도록 응원해주어야 한다. 그게 진짜 친구야. 너는 어리석은 친구들 속에서 대장이 되면서 으스대는 허영심을 갖지 않길 바란다. 그리고 네가 배우고 싶은 친구 곁에서 마치 부하처럼 눈치를 보는 것도 바라지 않는다. 언제나 당당하게 교류하면서 함께 성장하기를 바랄 뿐이야.

아빠는 어른들 중에서도 종종 자기 자신의 장점보다는 내가 누구와 친하다, 누군가를 안다며 으스대는 사람을 보곤 해. 그럴 때면 그 사람에 대해서 존중하는 마음이 들기는커녕 얼마나 능력이 없으면 저런 말로 포장을 할까 싶어 한심하고 안타까운 마음이 들어. 정말 자신에게 자신이 있는 사람은 그런 값싼 포장지를 사용하지 않는단다.

아들아, 좋은 친구를 가려서 사귀렴. 그리고 항상 당당하게 서로를 존중하고 배울 점을 찾아 격려하길 바란다. 그리고 한 가지 더 바라는 것이 있다면, 너 또한 모범이 되는 사람이 되어 너의 친구들에게 닮고 싶은 친구가 되어주는 것이야.

긍정적이고 무한한 가능성이 있는 너는 충분히 좋은 친구가 될 수 있으리라 믿는다.

15
건강한 욕심은 좋은 거란다

아빠는 네가 어릴 때 그림을 자주 그리게 했다. 하얀 도화지에 색연필로 꽃이며 나무, 해와 달을 마음껏 그리게 했지. 그림은 되도록 크고 선명하게 그리도록 도와줬어. 왜 그런 줄 아니? 큰 꿈과 큰 마음을 갖게 하도록 위해서였어.

아들아, 꿈이 없는 사람은 목표가 없기 때문에 되는 대로 하루를 흘려보낸다. 그리고 재미도 성취감도 없이 살아가지. 하지만 꿈이 있는 사람은 이루고 싶은 목표가 있기 때문에 하루를 소중하게 쓰고 발전하며 나아간다. 사람에게 꿈은 그래서 중요하고 어려움을 이기게 하는 원동력이 되어줘. 그 꿈을 이루기 위해서는 건강한 욕심이 꼭 필요하단다.

　흔히들 욕심을 나쁘게만 생각하면서 '욕심 부리지 마라'고 말하는데 아빠 생각에는 바람직한 욕심은 사람에게 꼭 필요하다고 여겨진다.

　남에게 인정받고 싶은 마음, 또 그것보다 더 중요한 나 자신에게 인정받고 싶은 마음이 있어야 발전할 수 있으니까 말이야.

　아빠는 너에게 1등이 되라고 말하지 않아. 네가 부담을 느낄까봐 그렇단다. 하지만 아빠 마음 속에는 네가 어떤 분야에서든 1등을 하고 싶다는 욕심을 갖길 바란다.

내가 최고가 되고 싶다, 하고 싶다, 이루고 싶다는 마음이 있으면 그것을 이루기 위해 노력을 하게 돼. 그리고 최선을 다해 노력을 하면 결과가 내 마음처럼 되지 않더라도 후회하지 않는다. 그리고 최고까진 아니더라도 그 가까이에는 갈 수 있어.

세상을 이끈 성공한 사람들은 모두 자기 자신에게 욕심을 가지고 있었어. 네가 어릴 때 갖고 놀던 레고 장난감을 기억하니? 알록달록한 블록을 이리저리 맞추며 노는 장난감을 아이들은 상당히 좋아하지. 그 레고를 만든 회사는 100년의 역사를 자랑하면서 끊임없이 신제품 개발을 한단다. 만드는 것부터 파는 것까지 섬세하게 아이들을 배려하고 아이들을 초대해 노는 모습을 보면서 아이디어를 얻어. 왜 그럴까? 세계 최고의 기업이 될 거라는 욕심, 아이들에게 최고로 재미있고 유익하며 안전한 장난감을 제공하겠다는 신념이 있기 때문이야. 그래서 레고는 어른들까지도 그리워하면서 수집하는 장난감으로 사랑받는단다. 만약 건강한 욕심이 없었다면 잠시 동안 인기를 끌다가 사라져버렸을 텐데 말이야.

욕심이 없는 사람은 의욕도 없고 아무것도 하지 않아. 그러면 자기 능력을 발견하기도 어렵고 발휘할 수도 없으며 그저 그런 상태에서 만족하면서 주저앉는단다.

하지만 아들아, 아빠가 욕심을 가지라고 했다고 해서 지나치게 모든 것에 욕심을 부릴 필요는 없다. 건강한 욕심은 최선을 다하고자 하는 마음이지 내 것을 이루기 위해 남에게 피해를 주고 자기 자신에게 부담을 주는 건 아니니까 말이야. 조금 어려운 말이지?

목표는 크게 잡고 과정은 최선을 다하며 정당하게 승부하고 결과는 겸손하게 받아들이는 것이 건강한 욕심이란다. 과한 욕심은 결과를 받아들이지 못하고 부정한 방법을 쓰게 해.

1등이 되고 싶다, 이기고 싶다는 마음이 비뚤어지면 시험에서 커닝을 하거나 친구들의 것을 빼앗는 등의 잘못된 선택을 하게 된다. 그렇게 되면 차라리 안 하는 것보다 못하지.

욕심을 가지고 노력하는 것은 아름답지만 언제나 너 자신에게 정정당당해야 해. 네 양심에 비추어서 잘못한 부분이 없는지, 나는 최선을 다했는지를 항상 되돌아보면서 지내야 한다.

아들아, 어린 시절은 인생이란 큰 도화지에 연필로 밑그림을 그리는 시기란다. 무엇보다 크게 선명하게 마음껏 밑그림을 그리렴. 그리고 그 그림을 따라 최선을 다해 색칠을 하렴. 가끔 실수를 할 때도 있지만 괜찮다. 다시 시작할 수 있는 특권을 가진 어린이니까 말이야. 단, 최선을 다하는 자세를 가질 때 가능하다는 걸 마음에 새기길 바란다.

16
배려를 할수록 너의 삶은 아름다워진다

아빠가 너와 함께 전철을 탔을 때가 생각난다. 사람이 많아서 서 있기가 힘이 들었는데 불평도 하지 않고 마침 난 자리를 할머니에게 양보하던 네가 무척이나 자랑스러웠어. 너도 앉고 싶었을 텐데 너보다 더 힘드셨을 할머니를 생각하는 네 마음씨가 예뻐 보였다.

아들아, 이 세상은 사람과 사람이 모두 어울려 사는 곳이라서 양보하고 배려하는 마음이 꼭 필요하단다. 크게는 모르는 사람에게 작게는 가족에게 마음을 쓰면서 내 것을 주기도 하고 차례를 바꿔주기도 해야 하지. 어쩔 때는 이런 배려가 손해를 보는 것 같고 억울하게 느껴지기도 할 거야. 하지만 배려가 없다면 세상은 삭막해지고 질서도 없어진단다.

사람은 모두 다르기 때문에 필요한 것도 좋아하는 것도 싫어하는 것도 다 다르지. 그래서 항상 관심을 기울여야 하고 상대에게 무엇이 필요한지를 살펴야 해.

미움을 받고 싶은 사람은 아마 아무도 없을 거야. 대부분의 사람은 사랑과 존중을 받고 싶어 하지. 배려는 사랑과 존중을 받기 위한 첫걸음인데 조금만 신경을 쓴다면 그다지 어려운 일도 아니란다.

아빠는 항상 너를 배려하려고 노력한다. 네가 아직 어려서 잘 느끼지 못했을 수도 있지만 엄마와 아빠는 네가 좋아하는 것, 필요한 것을 관심을 가지고 살피고 있어. 그래서 아빠가 퇴근할 때 네가 좋아하는 과일을 사갖고 오기도 하고 가족 나들이를 갈 때도 아빠가 좋아하는 낚시터보다 네가 좋아하는 수영장을 선택하지.

아빠가 낚시터에 못 가서 미안하다고? 그렇지 않다. 아빠는 사랑하는 네가 가고 싶은 수영장에 가서 즐겁게 노는 모습을 보면 기쁘고 뿌듯하니까 말이야.

배려는 이런 마음이란다. 내가 양보를 했지만 뿌듯한 마음, 상대방에게 필요한 것을 기꺼이 내어주었지만 억울하지 않은 마음이 바로 배려야.

너는 아마도 친구들 사이에서 배려를 가장 많이 해야 할 거야. 친구들에게 배려를 하는 것도 어려운 일이 아니야. 친구가 평소에 파란색을 좋아한다면 친구 생일에 파란색 공책을 선물해서 기쁘게 만들어 줄 수 있고 친구가 고민이 있다면 고민을 들어주면서 위로해줄 수도 있지. 그리고

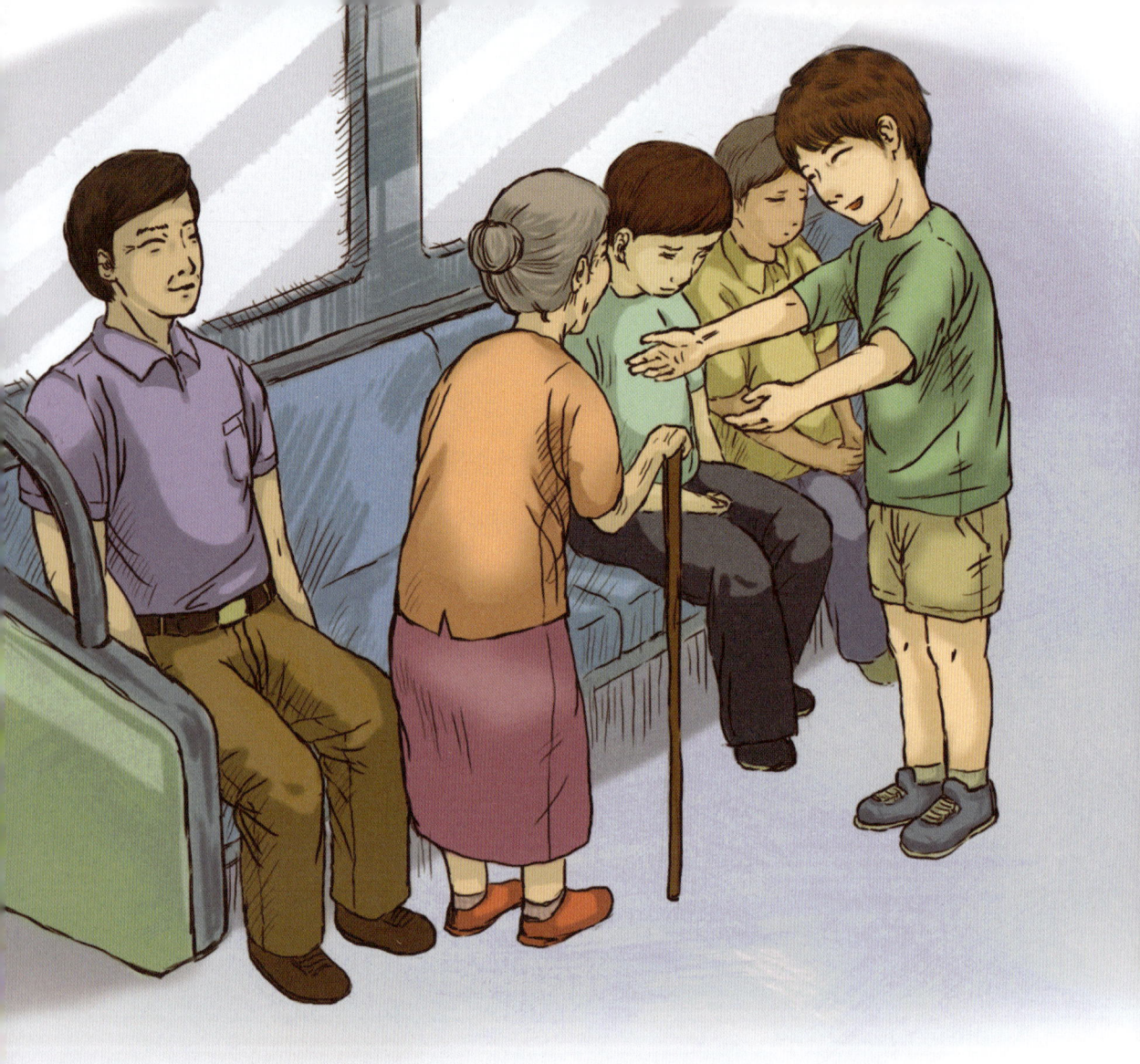

친구가 길고양이를 무서워한다면 겁쟁이라고 놀리지 말고 고양이가 보일 때 네가 미리 말해줄 수도 있단다. 그러면 친구가 고마운 마음에 너의 마음도, 너의 취향도 살피고 배려해주지.

배려는 정직해서 내가 해주지 않으면 돌아오지 않는단다. 친구들과 다

같이 분식을 먹으러 갔는데 네가 김밥에 오이가 싫다고 모조리 빼버린다면 함께 먹는 친구들은 입맛을 잃어버리고 너와 밥을 먹기 싫다고 말할 거야. 이럴 때는 네 몫을 덜어서 네 것만 빼고 먹는 것이 배려란다. 그리고 좋은 장난감을 먼저 갖고 놀고 싶어도 오늘은 내가, 내일은 친구가 공평하게 놀 수 있도록 해야 해. 그래야 친구들이 무시를 당한 마음이 들지 않고 너에게 그 마음을 돌려준단다.

양보를 하다 보면 알 수 있어. 양보가 손해를 보는 것이 아니라 나에게 기쁨이 된다는 것을 말이야. 전철에서 할머니에게 자리를 양보하거나 화장실이 급한 친구에게 먼저 쓰도록 배려하면 기분이 나빠지기는커녕 뿌듯한 마음이 든다는 걸 알 수 있다.

반대로 싫어하는 것인 줄 뻔히 알면서도 놀리고 싶은 마음에 일부러 장난을 친다면 상대방은 바보 취급을 당했다고 오해하면서 마음에 앙금을 쌓아두기 쉬워. 배려는 아주 작은 것일수록 그 효과가 커. 작으면 작을수록, 사소하면 사소할수록 큰 감동으로 다가온단다. 하지만 사소한 배려를 베풀지 않고 놀리거나 장난을 친다면 아무리 많은 선물을 한다 해도 미운 마음이 가시기 어렵지.

아들아, 주위 사람들의 사소한 부분을 살피고 배려해라. 그것이 너에게 호감으로 돌아오고 너에 대한 배려로 돌아온단다. 그리고 그것은 곧 좋은 친구들을 많이 사귈 수 있는 계기가 되어 너의 인생을 풍요롭게 가꿔준단다.

17
다른 사람의 장점을 본받아라

　아들아, 아빠는 네가 진정한 신사로 성장하길 바란다. 신사라고 하면 말쑥한 외모에 멋진 옷을 입은 잘생긴 사람이 떠오르니? 맞아. 신사는 그런 이미지를 가지고 있어. 하지만 진정한 신사는 겉으로 보이는 것과 속마음과 태도, 모두 품위가 있는 사람을 말해.

　신사는 단정한 옷차림, 부드럽고도 예의 바른 말투, 절제가 있는 태도, 듣기 좋은 목소리, 밝은 표정, 상대의 말을 잘 들어주면서도 자신의 의사를 정확하게 전달하는 말솜씨를 갖추고 있단다. 그래서 사람들에게 호감을 얻고 마음을 사로잡지.

　이런 것들은 쉽게 가질 수 있는 것이 아니고 마음을 먹는다고 해서 단기간에 가져지지도 않아. 연습도 필요하고 시간도 필요하지. 그래서 아빠는 그 연습을 하는 방법을 알려주려고 한다. 그것은 바로 네 주변에 있는 사람들의 장점을 찾아 본받는 것이고 또 하나는 멘토를 찾는 거야.

가깝게 친구들을 떠올려보렴. 네가 본받을 만한 장점을 가진 친구가 분명히 있을 거야. 어떤 친구는 발표를 잘하고 어떤 친구는 비속어를 사용하지 않으면서도 재미있게 말을 잘하고 어떤 친구는 예의가 깍듯하지. 그런 친구는 아마도 주변의 많은 사람에게 인정도 받고 칭찬도 받을 거야. 그 친구의 태도를 주의 깊게 살펴보면서 한번 따라해보렴.

장점을 따라하는 것은 부끄러운 것이 아니야. 세상의 많은 예술품은 모방에서 시작되었단다. 화가들도 첫 시작은 자기가 좋아하는 작품을 따라 그리면서 연습을 하고 점차적으로 자기만의 방식을 찾아가지. 네가 좋아하는 아이돌 가수들을 봐도 첫 시작은 기존 가수들의 노래와 춤을 흉내내면서 익히고 배웠어. 다른 사람의 장점을 내 것으로 만드는 것도 마찬가지란다.

친구의 장점을 따라하다 보면 너의 성격과 개성이 섞여서 너만의 장점이 생겨나게 된다. 그러려면 네 주변 친구들의 태도와 성격을 자세히 살펴보는 게 우선 필요하지. 아무리 모자라 보이는 사람도 반드시 장점은 있기 마련이야. 만약 장점을 살펴보다가 단점이 먼저 보이면 그 단점은 무시하고 장점을 찾아내려는 마음만 가지렴. 장점을 찾으려다가 단점이 재미있어 보여서 따라한다면 그것은 안 하는 것보다 못하기 때문이야.

　요즘 학교에서도 고학년과 저학년을 짝꿍으로 묶은 멘토 프로그램을 많이 하더구나. 멘토는 지혜를 줄 수 있는 선배나 어른을 뜻해. 또 멘토는 내가 본받고 싶은 사람을 뜻하는 것이기도 하지.

　성공한 사람들을 살펴 보면 많은 이가 자기만의 멘토를 갖고 있단다. 멘토는 직접 만나서 대화를 나눌 수 있는 사람도 좋지만 꼭 그렇지 않더라도 책 등을 통해서 만날 수 있는 사람을 삼아도 돼. 세상을 떠난 사람도 상관없고 위인전에 나오는 사람도 괜찮단다.

직접 만날 수 없는 멘토는 생활습관이나 태도 같은 섬세한 것들을 본받을 수는 없지만 인생 전체를 사는 방식이나 꿈을 찾아 가는 방법 등은 본받을 수 있어. 쉽게 이야기하면 스티브 잡스의 혁신력이나 링컨의 끈기, 이순신 장군의 용기 등이 그래. 이런 멘토를 찾게 되고 본받으려고 하다 보면 목표나 꿈이 희미해질 때 너를 붙잡아 주는 지지대 역할, 방향을 제시해주는 나침반 역할을 해주게 된단다.

아들아, 사람을 살피고 장점을 본받으려는 노력은 절대로 헛되지 않단다. 아무리 살펴봐도 장점 대신 단점만 보인다면 나는 저렇게 하지 말아야지 하는 지혜가 생겨. 그것 또한 공부야. 또 장점을 발견하려는 노력은 너를 긍정적인 사람으로 이끄니 눈을 크게 뜨고 장점을 살피고 본받으렴.

18
밝은 표정은 네 인생을 밝게 만든다

아들아, 너는 생긴 대로 논다는 말을 들어본 적 있니? 아빠는 그래도 너보다 오래 살다 보니 이 말이 무슨 뜻인지 알 것 같다. 생긴 대로 논다는 말은 잘생기고 못생기고를 말하는 것이 아니야. 그것은 바로 표정에 달려 있는 것이다. 표정이 밝으면 그 표정처럼 밝게 행동하고 표정이 어둡거나 지쳐 보이면 무기력하게 행동한단다.

'얼굴'의 우리말 의미는 얼은 영혼, 굴은 통로라는 뜻이야. 사람의 영혼이 담겨진 통로가 바로 얼굴이란다. 그래서 얼굴은 어떻게 생겼냐가 중요한 게 아니라 어떤 마음과 생각이 드러나는지가 중요해.

대부분의 사람은 얼굴에 마음을 담고 산단다. 그래서 표정과 얼굴의 분위기를 보고 저 사람이 어떻다는 걸 알아차리지.

요즘은 초등학생들도 외모도 스펙이라고 여기며 성형을 하고 싶어 하고 다이어트도 하지. 멋진 외모를 가지는 건 물론 무시할 수 없는 일이야. 하지만 성형으로 눈, 코, 입을 다듬는 것보다 먼저 해야 할 일이 밝은 표정으로 좋은 인상을 가지는 것이란다.

아무리 예쁜 옷을 입고 멋진 몸매를 가져도 인상을 쓰고 떨떠름한 표정을 짓는다면 절대 호감을 주지 않는단다. 너도 불편한 얼굴을 가진 사람을 보면 어쩐지 거부감이 생기고 다가가기가 싫을 거야. 찡그린 얼굴로 사람을 대하면 특별히 잘못을 하지 않아도 부정적인 인상을 주고 선입견을 갖게 만들어.

어떤 아이들은 다른 사람보다 강해 보이고 싶어서 일부러 인상을 쓰고 험상궂은 표정을 짓더구나. 특히나 남자아이들은 더 그런 경향이 있지. 그런데 정말 강한 사람은 표정을 망가뜨리면서 겁을 주는 어리석은 행동은 하지 않는 거야.

왜 자연을 다룬 다큐멘터리를 보면 겁을 먹은 개구리가 일부러 자기 몸을 크게 부풀리면서 적에게 위협을 하는 게 나오지? 아빠는 어린아이나 청소년들이 강해 보이고 싶다면서 인상을 쓰면 그 개구리가 생각나. 그 개구리가 몸을 부풀리는 게 정말 강해서 그런 걸까? 아니야. 약한 것을 감추기 위해서 일부러 하는 본능이야.

정말 강한 사람은 자기 자신에게 밝은 표정을 선물하고 그 표정으로 엔

도르핀을 만든단다. 밝은 표정은 남에게 좋은 인상을 줄 뿐만 아니라 자신에게 긍정적인 마음과 최고의 컨디션을 선물하지. 다소 힘든 일이 있더라도 미소를 잃지 않으려 노력한다면 어려운 일도 잘 풀어낼 수 있는 힘을 갖게 된다.

  미소를 짓는 것이 습관이 되면 어른이 되어도 부드러운 표정을 갖게 돼. 왜 어른들 중에도 찡그린 얼굴로 보기 싫은 주름을 가진 사람이 있어. 그리고 똑같은 주름이 있는데도 미소로 생긴 주름은 온화하고 아름다워 보이지. 그런 어른이 되려면 지금부터 미소를 짓고 밝은 표정을 가지는 연습을 해야 한다.

기분이 나쁠 때나 안 좋을 일이 있을 때, 일부러 거울을 보면서 미소를 지어보길 바란다. 사실 아빠도 어린 시절에 표정이 좋지 않아서 할아버지가 자주 그 연습을 시키셨고 덕분에 무서운 얼굴이 아닌 웃는 얼굴을 갖게 되었어. 그래서 아빠는 할아버지께 무척이나 감사한 마음을 갖고 있단다.

표정을 가꾸는 것은 굉장히 중요한 거야. 네 방을 청소하고 가꾸는 것처럼 너를 드러내는 얼굴의 표정도 그냥 내버려두어서는 안 되는 거란다. 항상 관심을 가지고 돌보다 보면 밝은 표정을 갖게 되고 그 표정이 너를 밝고 건강하게 이끌어줄 것이다.

19
유머와 가벼움을 구별하는 지혜를 가져라

요즘 나이를 막론하고 가장 인기 있는 사람이 바로 유머가 있는 사람이지. 아빠도 재미있는 사람이 좋고 유머감각이 조금 더 있었으면 하고 바란단다. 적절한 유머는 분위기를 부드럽게 만들고 따분한 일상에 활력소가 되어주니까 말이야.

아들아, 그런데 이 유머는 잘 구분해서 해야 한단다. 슬픈 일이 있는 친구를 위로한다고 생각해서 농담을 막 한다면 상처를 줄 수가 있어. 그리고 어른들 앞에서 네 생각에는 재미를 드린다고 유행어를 말하고 유머를 던진다면 예의가 없는 사람으로 보일 수 있단다. 유머는 때와 장소, 상황에 맞게 잘 구분을 해야 하고 만약 알쏭달쏭하다면 아예 하지 않는 것이 좋단다.

  재미를 준다고 생각해서 아무 일이나 참견하고 큰 소리로 웃으며 익살스럽게 행동한다면 무시를 당하게 돼. 그럼 나는 재미를 주려고 노력한 건데 반대의 반응을 얻게 되어서 실망하게 된단다.

아마도 네 주변에 웃음을 주려고 스스로를 망가뜨리는 친구가 있을 거야. 텔레비전에 나오는 개그를 따라하고 아무 데서나 춤을 추기도 하는 친구 말이야. 그런 친구를 보면 어떤 마음이 드니? 당장은 재미가 있어서 웃지만 아마도 진지한 이야기를 하기는 어려울 거야. 가벼운 느낌을 주는 사람에게는 진심을 털어놓지 않고 가벼움만 공유하는 것이 사람의 마음이란다.

밝고 쾌활한 것은 물론 좋은 것이야. 하지만 정도가 지나치면 가벼워 보이기 때문에 존중보다 무시를 받게 된단다. 네가 친구들과 어울려서 놀이를 하는데 재미있는 친구가 생각나면 부르게 되지. 그런데 정말 고민을 이야기하고 꿈을 이야기할 때도 그 친구를 찾을까? 이렇게 생각하면 간단하단다.

아들아, 진정한 유머는 품위 속에서 발휘하는 유머란다. 그것은 자기 자신을 망가뜨리지 않고 주변 사람들 또한 망가뜨리지 않으면서 재미가 있는 것이야. 상당히 어렵지? 그래서 품격 있는 유머를 구사하는 사람은 머리가 좋고 인생 경험이 풍부한 사람이 많단다.

반기문 UN 사무총장님은 뛰어난 유머 감각으로 유명하단다. 그분은 "유머감각은 큰 자산이다"라고 말하면서 사람들에게 즐거움을 주기 위해 유머를 사용하지. 반기문 총장은 연설을 할 때도 친근감을 주기 위해서 찾아온 사람들의 직업, 연령, 사회적인 위치 등을 철저히 조사한 다음 공감할 수 있는 유머를 보인단다. 누군가를 깎아내리거나 자신이 광대가 되는 것이 아니라 부드러운 소통을 하기 위한 유머를 보이셔. 그래서 사람들이 더욱 반기문 총장님을 좋아하고 존경한단다. 그리고 글로벌 리더의 모범이라 여기면서 많은 사람이 멘토로 삼지. 반기문 총장님 같은 유머감각을 가지려면 부단히 노력하는 자세가 필요하겠지?

아들아, 자신의 가치는 자기가 만들어가는 것이란다. 품위 있는 유머를 갖추게 되면 존중을 받고 다른 사람에게 즐거움도 줄 수 있어. 하지만 주목을 받고 싶다는 욕심에 시도 때도 없이 농담을 하면 바보 취급을 받기 쉽단다. 한 번 바보 취급을 받게 되면 다른 장점이 있는데도 사람들이 알아주지 않아.

아들아, 품위 있는 유머를 갖추도록 노력하면서 가볍게 행동하지 말거라. 품위 있는 유머는 내일 당장 가질 수는 없는 것이야. 지식과 경험과 노력이 쌓여야 가능한 것이지. 하지만 가볍게 행동하지 않는 것은 지금 당장이라도 할 수 있지 않을까?

20
지킬 수 없는 약속은 하지 말아라

아들아, 세상은 크고 작은 약속이 있어서 돌아간다. 아빠는 엄마와 결혼할 때 기쁠 때나 슬플 때나 변하지 않고 사랑하겠다고 약속했다. 그리고 그 약속을 지키기 위해서 항상 노력하고 있어.

수학 공식도 과학이긴 하지만 이렇게 하겠다는 약속이기도 하다. 그리고 공중도덕도 서로가 편하게 이용하기 위한 약속이야. 이런 약속을 지키지 않는다면 누군가는 불편해지고 세상은 혼란스러워진단다.

약속은 크건 작건 반드시 지켜야 하는 것이야. 그리고 지킬 수 없는 약속은 처음부터 하지 않는 것이 좋아. 만약 약속을 해놓고 지키지 않는다면 믿을 수 없는 사람이라고 여겨지게 되고 한 번 잃은 신용은 되돌리기가 어렵단다.

　약속을 잘 지키기 위해서는 먼저 너의 상황과 능력을 정확하게 아는 것이 중요해. 어떤 사람은 자신의 능력을 알지 못해서 지키기 어려운 약속을 덜컥 해놓고는 안절부절못하지. 사실 자신의 분수를 아는 것은 생각보다 어렵단다.

　그럴 때는 차분하게 앉아서 생각을 해보면 조금 쉬워. 내가 충분히 할 수 있는 일, 조금 어렵지만 노력한다면 할 수 있는 일, 할 수는 있지만 시간이 부족해서 해낼 수 없는 일, 지금 현재 내 능력으로는 할 수 없는 일. 이렇게 분류해서 생각해보면 너의 능력과 상황을 충분히 알 수 있단다.

　아빠의 경험으로는 충분히 할 수 있는 일과 조금 노력하면 할 수 있는 일은 약속을 하는 것이 좋다. 지금 당장은 버겁게 느껴져도 가능성이 보인다면 그 일을 해내면서 발전할 수 있기 때문이야. 하지만 시간이 부족하거나 현재 내 능력으로는 할 수 없다고 여겨지면 정중하게 거절하고 약속을 하지 않아야 한다.

　자기 자신에 대해서 진지하게 고민하지 않는 사람은 약속을 함부로 하면서 주변에 실망을 준단다. 하지만 현명한 사람은 주변에 신용을 유지하면서 자신의 능력도 키워나가지. 사람들에게 신뢰를 얻고 능력도 자란다면 너무나 신나는 일이겠지?

　만약 네가 충분히 자신있는 일인데도 피치 못하게 약속을 어기게 됐다면 솔직하게 고백하고 용서를 구하렴. 약속을 깬다는 것은 상대방에게

 피해를 끼치는 것이 대부분이기 때문에 꼭 사과를 해야 하고 같은 실수를 반복하지 않아야 한다.
 아빠가 생각해 봤을 때 다음 두 가지 약속은 꼭 지키도록 노력해야 한다. 지금 습관을 들여놓는다면 어른이 되어서도 몸에 배이기 때문에 신용 있는 사람으로 살 수 있어.
 첫째로 시간을 잘 지키렴. 등교 시간, 친구들과의 약속 시간 등은 꼭 지키려고 노력해라. 시간 약속은 기본 중에 기본이야. 어떤 사람은 매일 지각을 하고 어떤 사람은 항상 정해진 시간에 나와서 여유 있게 공부를 시작해. 지각을 자주 하면 수업 준비를 하는 친구들의 분위기를 흐리게 되고 선생님에게도 실례가 된단다. 그리고 친구들과 만나기로 했는데 매번 늦는다면 친구의 시간을 무시하는 것이 돼.

둘째로 물건이나 돈을 빌렸다면 반드시 정해진 날짜에 돌려주도록 해라. 사실 물건이나 돈은 빌리지 않는 것이 가장 좋아. 하지만 급작스럽게 빌려야 할 때가 생길 수 있지. 그럴 때는 정해진 날짜에 꼭 돌려주고 고마운 마음을 표현해야 한다. 물건과 돈은 민감한 것이기 때문에 이것을 지키지 않으면 손가락질을 받는 사람이 된단다.

아들아, 약속을 지키는 것은 사람이 반드시 지켜야 하는 교양이란다. 너 자신의 상황을 정확히 알고 네가 소중한 만큼 다른 사람의 시간과 정성을 소중히 하며 약속을 지키길 바란다.

21
라이벌을 소중히 생각하고 정당히 경쟁해라

아빠에게는 소중한 친구가 있어. 아빠가 어릴 때부터 함께 자란 친구인데 아빠와 성격도 비슷하고 공부도 비슷한 수준으로 잘했고 좋아하는 운동도 비슷했지. 하다못해 체격도 비슷해서 신기할 정도였단다. 아빠는 그 친구와 함께 공부하고 운동하면서 즐거운 시간을 보냈다. 하지만 많은 부분이 비슷했기 때문에 경쟁을 하기도 했지.

어쩔 때는 아빠보다 친구가 공부를 더 잘하기도 했고 어쩔 때는 아빠가 더 뛰어나기도 했어. 그럴 때는 친한 친구지만 지고 싶지 않은 마음에 더 노력하곤 했단다. 아빠 마음에 너에게만큼은 뒤처지고 싶지 않다는 승부욕이 있었거든. 가끔은 그런 마음이 미움으로 나타나기도 해서 서로가 얼굴을 붉히기도 했어. 하지만 곧 화해하고 격려를 나누며 응원하곤 했단다.

지금 아빠와 그 친구는 가끔 예전을 돌아보면서 웃곤 한다. 친구도 아빠와 마찬가지로 지고 싶지 않은 마음, 미워하는 마음이 있었다고 해. 그리고 아빠가 있었기 때문에 발전할 수 있었다면서 서로가 경쟁하던 그 시간이 너무나 소중했다고 하더구나.

아들아, 경쟁은 성공을 위한 필수적인 과정이다. 그리고 너와 비슷한 조건을 가진 라이벌은 적이 아니라 소중한 벗이란다.

라이벌이란 어느 한쪽이 기울어지는 법은 없어. 대부분 대등한 관계에서 이루어지지. 아빠는 너에게도 친구 중에 이기고 싶은 친구, 지고 싶지 않은 친구가 있을 거라 생각된다. 아마도 너와 비슷한 친구겠지. 가끔은 그 친구가 너보다 더 뛰어난 모습을 보일 때가 있을 거야. 그럴 때면 질투가 느껴지기도 하고 화가 나기도 할 테지. 자연스러운 감정이야.

아들아, 너에게 라이벌이 있다면 아름답게 경쟁하길 바란다. 라이벌을 진짜 이기는 것은 라이벌 앞에서 흥분하거나 경계하는 모습을 보이지 않는 거야. 정정당당히 실력으로 경쟁하고 결과에 대해선 깨끗하게 승복하면서 다음 기회를 다짐하는 것이 매너란다.

속이 좁은 사람은 라이벌에 대해 험담을 하고 이기려는 마음만 앞세우며 적대감을 보이지. 하지만 마음이 넓은 사람은 선의의 경쟁을 벌이면서 둘 다 발전한단다.

수영 선수 박태환을 보면 진정한 라이벌이 무엇인지 알 수 있어. 박태환과 비슷하게 수영을 잘하는 중국 선수 쑨양은 국제 경기 때마다 만나 1등을 다툰단다. 각종 매체에서는 두 사람을 비교 대상으로 삼으면서 누가 이길 것인지 주목하는데 아마 두 사람은 서로에 대한 부담감이 굉장히 클 거야. 박태환과 쑨양 모두 서로를 의식하면서 굉장히 치열한 경기를 펼치곤 하지. 그런데 2014년에 열린 아시안게임 중에 쑨양은 자신의 경쟁자 박태환에게 생일 케이크를 선물했단다. 그리고 선물을 받은 박태환은 너무나 기뻐하면서 감격했지.

아들아, 진정한 라이벌은 바로 이런 것이란다. 서로에게 자극을 주지만 존중도 함께 주면서 같이 발전하는 것이지. 라이벌이라고 해서 원수처럼 지내며 무시를 한다면 그것은 부메랑처럼 너에게 돌아오기 마련이야.

가끔 사람들은 라이벌과 끊임없이 비교를 해가며 작은 것 하나까지 이기려고 하곤 해. 그런데 사람마다 성격도 다르고 장점도 다르기 때문에 뭐든지 이길 수는 없는 거야. 그런 마음은 쓸데없는 에너지를 소모하게 만든단다.

아들아, 너를 발전시키는 라이벌을 찾아내렴. 그리고 행복하게 경쟁하면서 좋은 친구로 곁에 두어라. 아마도 너에게 둘도 없는 친구로, 목표를 향해 걸어가는 벗으로 남을 수 있을 거야.

22
부족해 보이는 친구를 무시하지 말거라

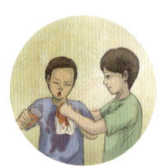

며칠 전에 네가 "그 아이는 밥도 지저분하게 먹고 이상한 소릴 자꾸 해요. 같이 놀고 싶지 않아요"라고 말하더구나. 그래. 모든 친구가 마음에 들 수는 없지. 친하게 지내고 싶은 친구가 있는 반면 어울리고 싶지 않은 친구가 있는 것도 당연한 거야.

그런데 아빠는 그렇게 말하는 너의 얼굴에서 그 친구를 무시하는 마음이 느껴졌다. 부족한 부분이 보이면 무시하는 마음이 들 수도 있어. 하지만 그런 마음은 경계하길 바란다.

세상은 다양한 사람이 각자 자기 방식대로 살아가. 그래서 똑같은 사람은 하나도 없고 나와 다르면 이상하게 여겨지기도 하지. 하지만 각기

다른 개성을 가진 사람이 있기 때문에 한데 어울려서 이 세상이라는 게 만들어지는 거란다.

아들아, 네가 만나는 모든 친구를 존경하라고는 하지 않을게. 하지만 무시해서도 안 된단다. 혹여 무시하는 마음이 든다면 그 마음이 가라앉을 때까지 차라리 숨기거나 피하거라.

누군가를 싫어하는 것은 자유지만 그 마음을 상대방이 느껴질 정도로 드러내서는 안 돼. 지금은 공부도 못하고 운동도 못하고 이상한 말만 하는 친구라도 언제 너에게 도움을 줄 수 있는지 알지 못하기 때문이야. 만약 네가 친구를 무시하거나 놀린다면 그 친구에게는 영원히 도움을 받을 수 없게 된단다. 누구에게나 자존심이 있고 한 번 망가진 자존심은 고치기가 쉽지 않아.

아들아, 부족해 보이는 친구를 놀리면서 네가 더 낫다고 생각하는 것도 조심해야 한다. 이건 어른들도 자주 저지르는 실수야. 남의 약점이나 모자란 부분을 놀리면 그 순간은 재미가 있을 수 있고 장난이라고 할 수도 있어. 하지만 그것은 그 친구보다 더 모자란 짓이란다. 일단 놀림 받은 친구에게 상처를 주고 너와 함께 놀림에 참가했던 친구들도 처음에는 웃어줄지 모르겠지만, 시간이 지나면 그 친구늘이 '저 애는 나도 놀리지 않을까?' 싶어서 경계하게 된단다. 또 입장을 바꿔서 언제 네가 놀림을 당할지 몰라.

또 한 가지 이야기해주고 싶은 것이 있어. 그건 바로 안 좋은 이야기를 남에게 전달하지 않는 거야. "쟤가 그러는데"하면서 시작되는 말은 그냥 듣기만 하고 다른 친구에게 말하지 말아야 한다. 대부분의 안 좋은 이야기는 입에서 입을 거치면서 사실과는 다르게 부풀려지게 되고 소문이 되어 퍼진단다. 그러면 과장된 소문 때문에 누군가는 피해를 입게 되지.

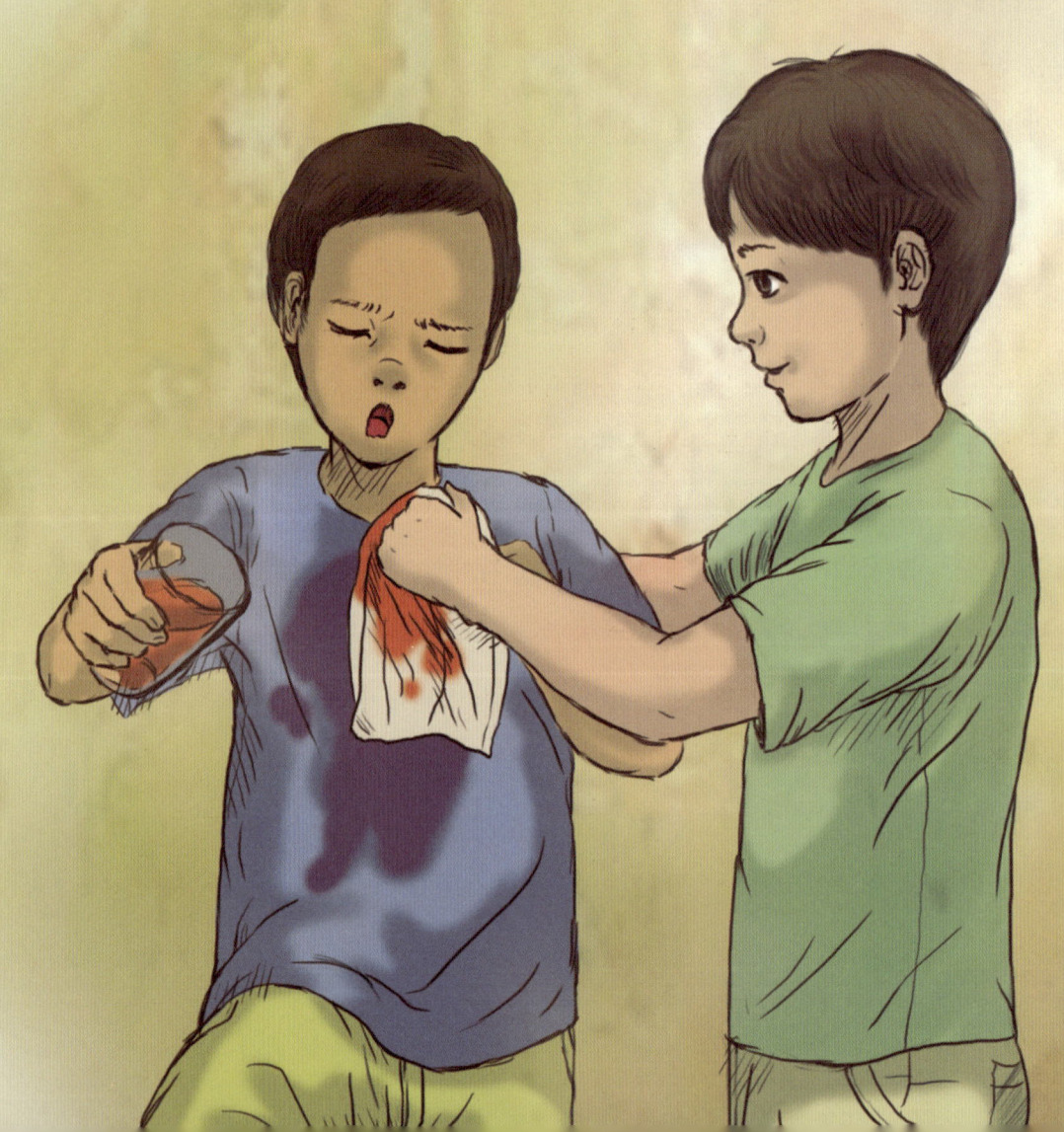

지금 당장 신기하고 재미있어 보여서 말을 옮기면 너의 인격도 금이 가게 된단다. 확실하지 않은 이야기는 절대 친구들에게 퍼트리지 말렴. 왜 연예인들이 근거 없는 인터넷 악플 때문에 너무 힘들었다고 마음을 털어 놓는 것을 가끔 보지 않니. 어른들도 뒤에서 수군거리는 소문을 맞닥뜨리게 되면 견디기 어렵단다. 마음이 여린 너희들은 더 하겠지.

친구가 네 앞에서 실수를 하면 너그럽게 눈을 감아주고 위로해주도록 해. 실수는 누구나 할 수 있는 거야. 그리고 어린이들은 실수를 통해서 바른 방식을 배우고 성장하게 되지. 아빠는 네가 실수를 하면 되도록 감싸주려고 노력한다. 너를 꾸짖거나 비난하지 않고 잘할 수 있는 방법을 알려주려고 하고 있어. 그런 마음을 너도 남에게 돌려주길 바라.

만약 친구가 음료수를 흘렸다거나 엉뚱한 소리를 해서 친구들에게 놀림을 당한다면 화를 내는 대신, 함께 놀리는 대신 닦을 휴지를 건네주거나 친구를 놀리지 말라고 상냥하게 말하렴. 그러면 친구는 너에게 고마운 마음을 가지고 언젠가 너에게 도움을 줄 거야.

아들아, 세상은 많은 사람이 어울려서 살아가는 거란다. 그 사람을, 친구를 따뜻한 마음과 친절로 대하며 너의 편으로 만들기 바란다.

23
놀아야 할 때는 제대로 놀아라

거리를 걷다 보면 '리더십'이라는 말을 새긴 현수막이 자주 눈에 띈다. 요즘은 아이들에게도 리더십을 가르치려고 여러 프로그램, 학원, 책들이 넘치지.

아들아, 아빠가 생각하는 리더는 시험이나 대회에서 1등을 하는 것, 반 대표나 회장이 되는 것, 친구들 사이에서 대장이 되는 것이 아니야. 아빠는 자기 인생의 주인이 되는 게 진짜 리더로 여겨진단다.

다른 사람에게 휘둘리지 않고 스스로 결정하고 스스로 공부하며 자기 꿈을 찾아 전진하는 사람, 아빠는 그런 사람이 진짜 훌륭한 리더라고 생각해. 그리고 그런 리더가 되려면 제대로 놀아야 한다.

공부를 하라고 할 것 같은데 오히려 놀라고 해서 이상하니? 그럴 수도 있을 거야. 그런데 노는 것과 공부하는 것을 제대로 구분하지 않는 사람은 노는 것도 공부하는 것처럼, 공부도 노는 것처럼 하기 때문에 일상에 질서가 없고 충전의 시간을 갖지 못한단다.

제대로 놀 줄 아는 사람은 놀아야 할 때와 공부해야 할 때를 제대로 구분하고 그 시간을 즐기지. 분별력은 리더라면, 내 인생의 주인이라면 반드시 갖춰야 하는 덕목이야.

아빠가 어릴 때 만난 친구 이야기를 해줄게. 그 친구는 공부를 무척 잘해서 모두의 부러움을 샀단다. 그러다 다함께 수학여행을 가게 되었어. 장기자랑 시간이 되었는데 공부만 잘하는 줄 알았던 그 친구가 앞에 나

와서 노래도 너무 잘하고 춤도 열심히 추면서 그 시간을 열심히 즐기더구나. 아빠와 다른 친구들은 모두 박수를 보내며 멋있다고 생각했어. 그리고 그 친구는 지금도 일에서 인정을 받으면서 모두가 좋아하고 어울리고 싶어 하는 멋진 어른이 되었단다.

아들아, 성공을 위해서, 리더가 되기 위해서는 스트레스를 잘 다스릴 줄 알아야 한다. 네게도 분명 너만의 스트레스가 있을 거야. 그 스트레스를 가장 건강하게 날려버릴 것이 바로 몸으로 뛰고 노는 놀이야. 실컷 놀고 나면 마음속에 걱정거리가 사라지고 잠도 잘 오고 입맛도 살아나지. 그러면 다시 해야 할 일을 적극적으로 해낼 수 있는 힘이 생겨.

신나게 놀기 위해서는 우선 네가 해야 할 일을 제대로 끝내놓고 노는 습관을 들여라. 숙제가 남아 있거나 엄마의 심부름을 해야 하는데 미루고 논다면 네 마음도 편하지 않을 거고 제대로 놀 수도 없어. 열심히 자기 일을 해낸 사람만이 즐거움도 만끽하는 거야.

어떤 아이는 노는 그 자체에 정신이 팔려서 노는 것을 최우선으로 생각하기도 해. 놀다 보면 재미있으니까 그럴 수도 있지. 하지만 놀이는 중독성이 있어서 그만두어야 할 때를 생각하지 않으면 아무것도 하지 않고 오로지 노는 것만 생각하게 되면서 게으름으로 발전한단다.

특히 컴퓨터나 스마트폰 게임이 그래. 하다 보면 빠지게 되고 조금만 더, 이번 한번만 하는 마음이 생기기 쉬워. 정 하고 싶다면 30분만 한다, 1시간만 한다고 정해두고 시작하고 너와의 약속은 꼭 지켜라.

아들아, 노는 것은 중요하지만 더 중요한 것이 있어. 그것은 하고 싶지 않은 놀이를 친구들 때문에 억지로 하지는 말라는 거야. 물론 친구들과 어울리는 것은 중요하고 친구가 놀고 싶어 하면 함께해야 할 때도 있지. 그런데 무작정 휩쓸려서 우르르 몰려다니고 네가 원하지 않는 것을 억지로 할 필요는 없어. 시간이 없거나 해야 할 일이 있거나 놀고 싶지 않을 때는 상냥하게 거절을 해야 한다. 억지로 노는 것은 재미도 없다는 거 알고 있겠지?

아들아, 놀이는 너에게 공부만큼이나 소중한 많은 것을 준단다. 분별력, 협동심, 창의력, 집중력은 책이 아닌 놀이에서 시작돼. 그 놀이를 마음껏 즐기고 그 안에서 많은 걸 배우거라.

그리고 이왕이면 운동장이나 공원 같은 곳에서 몸으로 놀아라. 좁은 방 안에서 옹기종기 모여 앉아 작은 스마트폰을 들여다보는 것에 비할 수 없을 정도로 너의 체력과, 마음과, 정신을 건강하게 해준단다.

24
포기하지 말고
끝까지 승부해라

아들아, 꿈을 꾸는 것도 노력하는 것도 너의 인생을 위해서 반드시 가져야 하는 것이다. 그런데 여기에 아빠는 하나 더 말해주고 싶어. 그건 바로 무슨 일이든 끝까지 하는 거야.

성공은 성실한 사람에게 주는 보상이자 행복이란다. 세상을 이끈 수많은 사람은 특별한 재능을 타고난 사람보다는 끝까지 자신의 꿈을 위해 전진하고 포기하지 않았던 사람이 많아. 어떤 일을 시작했을 때 처음에는 기대에 차서 열심히 하지만 어려움이 닥치면 포기하고 싶은 마음이 들 거야. 그런데 그 마음을 넘어 설 때, 용기를 낼 때 비로소 성공이라는 보람을 맛보게 된단다.

아빠가 지난 번 부모참관수업에 갔을 때 말이야. 조별 발표를 하는데 네가 나와서 발표를 했지. 많은 사람이 지켜보고 있어서 긴장한 것 같아 보였지만 너는 끝까지 해냈어. 목소리가 떨리고 다소 허둥대긴 했지만 그래도 부끄러움을 이기고 해내는 네 모습이 아빠는 무척이나 자랑스러웠단다.

아들아, 포기하지 않는 것은 바로 그런 것이다. 부끄럽거나, 불가능하게 여겨질 때 침 한번 꿀떡 삼키고 끝까지 해내는 것. 그런 마음이 바로 끈기야. 끈기는 너를 크게 만들고 강하게 만들어주면서 자신감을 선물해준단다.

수학 문제를 푸는 작은 것부터 사람들 앞에서 당당하게 발표를 하는 것까지 피하고 싶은 걸 마주했을 때 피하는 대신 정면으로 마주보고 도전한다면 어느새 그것은 너의 것이 되어 돌아올 거야.

네가 좋아하는 초콜릿 이야기를 아빠가 해줄게. 한국 마트에서도 쉽게 살 수 있는 키세스 초콜릿은 미국의 허쉬 초콜릿이란 회사에서 만든 거란다. 이 허쉬 초콜릿은 단순히 회사가 아니라 하나의 큰 마을을 이루고 있어. 놀이공원, 학교, 테마파크, 박물관에 이르기까지 굉장히 다양한 사업을 펼치고 있지. 그래서 그곳을 일컬어 '허쉬 타운'이라고 부른단다.

이 허쉬 타운을 만든 허쉬는 젊은 시절 사탕과 아이스크림을 만드는 회사에서 직원으로 일하면서 기술을 익혔어. 그리고 작은 공장을 세웠는데 잘 되지 않았을 뿐 아니라 빚까지 졌단다. 여러 사람에게 손가락질과 빚

독촉을 받았지만 그래도 포기하지 않고 다시 도전했어. 자기가 가진 노하우를 모두 모아서 밀크 캐러멜을 만든 거야. 그리고 그 캐러멜로 성공을 거두지. 여기서 그치지 않고 초콜릿도 만들고 바도 만들어 팔았단다.

초콜릿이 너무 맛있어서 허쉬 초콜릿은 크게 성장하게 되었고 회사는 그동안 함께 노력해준 직원들에게 그 성공을 나누었단다. 회사 가까이에 백화점, 은행, 호텔, 놀이 공원, 동물원, 골프장, 도서관 등을 만들고 멀리서 출근하는 직원들을 위해서 사내 전차까지 놓았어. 그것이 지금의 허쉬 타운으로 자리를 잡게 되었단다.

허쉬가 존경받는 이유는 끝까지 포기하지 않고 노력했기 때문이고, 작은 성공에 만족하지 않고 또 도전했기 때문이고 그 성공의 결과를 겸손하게 동료들과 나누었기 때문이야. 참 감동적인 이야기이지?

허쉬는 많이 배운 사람도, 재산을 물려받은 사람도 아니었어. 하지만 도전하는 마음과 끈기가 있었기 때문에 그 누구보다 성공할 수 있었고, 마음이 넉넉한 사람이었기 때문에 존경도 받을 수 있었지.

아들아, 무슨 일이든 중간에 그만둔다면 시작을 하지 않는 것보다 못 하단다. 매듭이 매어지지 않은 옷, 설익은 음식, 정리를 하다 만 방을 보면 어떤 생각이 드니? 불편하고 깨끗하지 않다는 마음이 들 거고 정성이 느껴지지 않을 거야. 이건 모든 일이든 마찬가지란다.

어떤 일을 할 때는 이것이 과연 해낼 수 있을 것인지 정말 불가능한 것인지 생각해보렴. 그리고 불가능하진 않다는 마음이 조금이라도 들면 끝까지 해보겠다는 마음으로 도전해라.

천천히, 하나씩 하다 보면 시간이 걸릴지는 몰라도 언젠가는 이루어져. 아빠의 말을 믿어라.

25
칭찬은 받기 전에 먼저 해주어라

아들아, 아빠는 네가 착한 일을 하면 그 누구보다 먼저 발견하려고 항상 눈을 크게 뜨고 본다. 그리고 네가 불편함 없이 생활할 수 있게 여건을 마련해주려고 노력하고 있어. 왜 그럴까? 아빠는 너를 사랑하기 때문이야.

아빠의 이런 마음을 너도 아는지 감사하다고 인사를 하더구나. 그런 인사를 받으면 아빠는 참 뿌듯해.

아들아, 사랑과 배려를 받으려면 먼저 사랑스럽게 행동해야 한다. 사람의 마음은 내가 받은 만큼 주고 싶고 준만큼 돌려받고 싶어. 네가 친구들 사이에서 존중 받고 사랑을 받고 싶다면 먼저 그에 마땅하게 배려와 칭찬을 해주어야 해. 먼저 주지 않고 받기를 바란다면 그 기회는 좁아지고 영영 못 받을 수도 있단다. 먼저 손을 내미는 사람은 약자가 아니라 진짜 강자야.

조금만 마음을 쓴다면 어려운 일이 아니란다. 친구가 기분 좋은 일이 생겼다면 너도 함께 기뻐해주면서 '참 좋겠다. 축하한다'라고 말해주어라. 속으로는 질투가 날 수도 있지만 직접 말을 하면 정말 기쁜 마음이 진심으로 생겨. 칭찬을 받은 친구는 너에게 우정과 함께 고마운 마음을 느끼고 너에게 좋은 일이 생기면 돌려주게 된단다.

바람직한 칭찬은 친구가 좋아하고 잘하고 싶은 것이 무엇인지 알고 있다가 그 일에서 기쁜 일이 생겼을 때 해주는 거란다. 그럼 인정받았다는 생각에 기분이 더 좋아지기 마련이야.

아빠는 알고 있어. 네가 영어 공부를 어려워하면서도 무척이나 잘하고 싶어 한다는 걸 말이야. 그래서 영어가 조금이라도 늘면 아낌없이 칭찬을 해준다. 열심히 노력한 네가 자랑스러워서이기도 하고 아빠의 칭찬을 받고 더 열심히, 더 신나게 공부하길 바라는 마음에서야.

다행히 너는 이런 아빠의 칭찬을 받으면 좋아하면서 더 열심히 하는 것 같아. 아빠는 그런 네가 기특하다.

칭찬은 사람에게 긍지를 심어주고 가능성을 크게 만든단다. 그러니까 너도 친구들에게 좋은 칭찬을 해주면서 함께 성장하거라.

그런데 조심해야 할 게 있어. 친하게 지내고 싶은 마음에 잘못된 것도

칭찬하는 건 피해야 한다. 힘이 센 아이나 남을 잘 놀리는 아이 등 친구 중에 불량기가 있는 아이가 있을 거야. 이런 아이에게 잘 보이고 싶어서, 친해지면 조금 편할까봐 잘못된 행동도 칭찬할 수가 있다.

'아들아, 이런 것은 칭찬이 아니라 아부란다. 아빠는 네가 항상 당당하고 정의롭게 살길 바라. 조금 힘이 센 아이에게 아부를 해서 비겁한 자리를 얻는다면 그건 옳지 않단다. 또 그렇게 얻은 친구는 반드시 너에게 해가 되어 돌아오게 되어 있어.

그리고 친구가 약점처럼 느끼는 것도 칭찬하지 말아야 해. 특히 외모나 옷차림에 대해서는 말하지 않는 것이 좋아. 또 요즘엔 산만해서 친구들과 잘 어울리지 못하는 아이들도 많은데 그런 부분을 괜히 위로한다고 생각해서 함부로 칭찬을 하면 상처가 될 수 있다. 칭찬은 누가 보아도 칭찬처럼 느껴질 만한 것들을 조심해서, 진심으로 해야 한단다.

가장 좋은 칭찬은 친구 앞에서 하는 것보다 뒤에서 하는 거야. 험담이나 비난은 뒤에서 절대 하면 안 되지만 칭찬은 그렇지 않단다. 생각해보렴. 네가 좋아하는 친구가 네 칭찬을 반 아이들에게 해준다는 사실을 알았을 때 얼마나 뿌듯하겠니? 칭찬은 바로 그런 거란다.

'아들아, 좋은 칭찬을 나누면서 행복의 바이러스를 뿌리거라. 그것이 너에게 긍정의 자산으로 돌아와 너의 가능성을 더 열어줄 거야.

26
실수와 실패는 성공으로 가는 계단과 같다

아기가 걸음마를 떼기 위해서는 엄청난 엉덩방아를 찧어야 한다. 운동선수가 메달을 따기 위해서는 셀 수 없을 정도로 많은 실패와 실수를 견디면서 몸을 다져야 한다. 요리사가 맛있는 음식을 하나 개발하기 위해서는 불과 칼 앞에서 땀 흘리며 실패를 해가며 가장 좋은 조리법을 찾아내야 한다.

아들아, 실수와 실패는 이렇게 성공으로 가는 길에 놓여진 계단이란다. 실수나 실패는 부끄러운 것이 아니야. 아빠도 굉장히 많은 실수를 하면서 살아왔어. 그래서 아빠의 행동을 고치기도 하고 의외의 것들을 발견하기도 하면서 어른이 되었지. 지금도 아빠의 실수와 실패는 진행형

이야. 그리고 그것이 당연하다고 생각한다.

 사람은 누구나 실수를 할 수 있고 실수는 소중한 경험이다. 그래서 부끄러운 것이 아니지. 그런데 그 실수를 재산으로, 성공의 계단으로 만들기 위해서는 용기가 필요해. 어떤 사람은 실수한 것이 창피하다면서 말을 꺼내기조차 싫어해. 그리고 어떤 사람은 도전에서 실패한 다음에 '나는 할 수 없다'고 여기면서 좌절하지. 상처받고 위축되어서 말이야.

 아들아, 실수를 생각해보고 그 안에서 지혜를 발견하는 것은 조금 아픈 일일지도 모른다. 하지만 현명한 사람이 되고 싶다면 자기 자신을 위로할 줄도 알아야 하고 실수와 실패를 통해서 지혜를 발견할 줄 알아야 해. 그렇게 실수를 인정하면 상처는 감쪽같이 아물어.

 '나는 이번에 잘 해내지 못했어. 왜 그런지 이유를 찾아보고 다음에는 잘 해낼 거야.'

 '나는 그것도 못하는 바보야. 이제 다시는 안 할래.'

 자, 두 가지 마음 중에 어떤 걸 선택하겠니? 아빠는 네가 이유를 찾아보고 새로움을 발견하는 사람이 되었으면 한다.

 네가 공부할 때 쓰는 포스트잇을 잠깐 보렴. 책이나 공책에 메모를 해서 붙일 때 아주 쓸모 있는 메모지이지. 학생들이나 직장인들에게 없어서는 안 되는 문구이기도 하고 말이야. 그런데 그 포스트잇이 바로 실수를 통해서 나온 거란다.

 포스트잇을 만든 3M이란 회사에서 어느 날 접착제를 아주 약하게 만들었어. 물건을 단단히 접착시키기는 부족하지만 작은 종이 정도는 붙일 수 있을 정도의 접착제였지. 연구원의 실수로 만든 건데 회사에서는 이 접착제를 그냥 실패, 실수로 여기지 않고 신기하게 생각하면서 쓸모가 없을까 생각했단다. 그리고 메모지에 발라서 책갈피로 쓰면 어떨까 생각했고 그렇게 포스트잇이 탄생한 거야.

실수는 때로 위대한 발명으로 다시 태어난다. 워크맨도 다이너마이트도 아플 때 놓는 주사약 페니실린도 모두 실수를 통해 세상에 나왔어. 이것을 만든 사람들은 다들 진지하게 자신의 실패와 실수를 들여다보았고 그 안에서 지혜와 쓸모를 찾아냈지. 위대한 실수는 세상을 발전시킬 뿐 아니라 자기 자신에게 영광이 되어주기도 해.

'아들'아, 실수와 실패는 또 다른 기회, 더 잘할 수 있는 지혜, 아픔을 이겨내는 힘을 가져다 준단다. 하나 주의해야 할 것이 있다면 어떤 일을 도전하다 벌어지는 실수와 달리 사람에게 한 말실수는 꼭 용서를 구하고 사과하도록 하렴. 말은 때로 어떤 것보다 사람의 마음을 아프게 하니까 말이야. 용기 있게 사과하는 것도 다음번에 고운말을 쓰게 주의하도록 하는 기회를 열어 준단다.

'아들'아, 실수와 실패라는 훌륭한 구름판을 힘껏 딛고 일어나라. 뜀틀을 뛰듯 힘차고 멀리 실수를 밟고 뛰어 좌절은 저 멀리 날려 버리렴.

27
단정한 옷차림과
바른 자세를 가져라

어디에서나 호감을 받고 좋은 인상을 주려면 가장 먼저 무엇을 해야 할까? 아빠는 단정한 옷차림과 바른 자세, 웃는 얼굴이라고 생각해. 겉으로 보이는 것보다는 속마음이 더 중요한 게 사실이야. 하지만 처음 만나는 사람에게 보여줄 수 있는 것은 겉모습이 대부분이라서 외모를 단정하게 가꾸는 것도 무시할 수 없는 일이란다. 깨끗하고 단정한 사람을 만나면 기분이 좋아지는 것처럼 너도 외모와 자세를 바르게 하는 것을 게을리하지 말길 바란다.

아들아, 단정한 외모는 눈, 코, 입이 멋진 게 아니란다. 아무리 잘생기고 예쁜 사람이라도 아무렇게나 옷을 입고 좋지 않은 냄새를 풍기고 머리카락이 지저분하다면 멋지게 느껴지지 않는 거야. 그리고 내 마음과 능력은 뛰어난데 겉모습 때문에 이상하게 평가받을 수도 있어. 그러니까 항상 깔끔하게 몸을 돌보아야 한다.

옷은 계절과 상황에 맞도록 선택하고 깨끗하게 세탁한 것을 입어라. 그리고 튀어 보이고 싶다고 화려한 옷, 불량해 보이는 옷을 일부러 입진 말아라. 옷은 사람의 성격을 나타내기 마련이라서 옷차림이 불량하면 입은 사람까지도 이상하게 여겨져. 너무 유행을 의식하지 말고, 너무 초라하게도 말고 네 또래 아이들이 입는 비슷한 수준의 옷을 입으면 무난해. 하지만 수학여행이나 발표회 같을 때는 네 개성을 마음껏 표현할 수 있는 옷을 입는 것도 괜찮아.

머리 모양도 항상 신경 써라. 염색이나 퍼머를 하라는 게 아니라 청결하게 감고 단정하게 빗으면 돼. 유행에 따른다고 어른들의 머리 모양을 흉내 내면 어울리지도 않고 불량해 보여.

또 손은 항상 잘 닦아라. 특히 식사 전후에 꼼꼼히 닦고 화장실에 다녀왔을 때, 운동 후에 더 신경 써서 닦아야 한다. 손이 지저분하면 병에 걸리기 쉽고 손톱에 때가 끼어 있으면 지저분하게 느껴져. 그리고 손톱은 항상 길지 않게 잘라야 한다.

학교에서 급식을 먹고 나면 이를 닦고 거울로 제대로 닦았는지 꼭 확인해라. 치아는 100세까지 써야 하는 소중한 신체 일부야. 그리고 이에 고춧가루 같은 게 끼어 있으면 친구들이 거부감을 느낀단다.

운동화나 구두끈이 풀렸다면 당장 반듯하게 매고 가방에 지퍼가 열린 채로 다니는 건 아닌지 하굣길에 꼭 살피거라. 칠칠맞아 보이기 때문이야.

아들아, 걸을 때는 허리를 반듯하게 펴고 꼿꼿하게 걸어라. 허리가 휘면 키가 제대로 크지 않고 자세가 좋아야 얼굴도 멋있어진단다. 허리는 몸의 기둥이기 때문에 바른 자세를 유지하면 잔병이 들지 않는단다. 삐딱하게 어딘가에 기대거나 주머니에 손을 넣고 불량하게 걷는 것도 주의하도록 해라. 강한 사람은 불량한 것이 아니라 올바른 것에서 탄생한다.

의자에 앉을 때는 가만히 앉아라. 어떤 사람은 털썩 주저앉아 버리는데 그건 건강에도 좋지 않고 보는 사람도 '저 애는 화가 났나?' 싶어서 마음이 불편해져.

음식을 먹을 때는 천천히 꼭꼭 씹어 먹고 씹고 있을 때는 말하는 것을 삼가고 다 삼킨 다음에 말을 해야 해. 그리고 물이나 음료수, 국 같은 것은 후루룩 소리를 내거나 달그락거리며 요란하게 먹지 말고 조용히 먹어라.

아빠가 너무 잔소리를 많이 하지? 그런데 품위라는 것, 매너라는 것은 이렇게 사소한 것들이 모여서 완성된단다. 마지막으로 항상 밝은 표정을 잊지 말아라. 앞에 말한 것들을 다 지켜도 찡그린 얼굴이라면 소용이 없어. 웃는 얼굴, 자신감 있는 표정에서 진짜 단정함과 호감이 배어 나온단다.

28
겉으로 보이는 것만 중요하게 생각하지 말아라

동화 〈어린왕자〉를 보면 이런 말이 나온단다.

"중요한 것은 눈에 보이지 않아."

아들아, 겉으로 보이는 것도 중요하지만 더 중요한 것은 눈에 보이지 않는단다. 선한 마음이나 재능, 꿈, 긍지 등은 눈으로 보고 손으로 만져볼 수 있는 게 아니지. 그런데 그것은 사람을 살아가게 하는 영양분과 같단다.

네가 많이 배울수록, 많이 가질수록 네가 가진 것에 감사하고 너보다 가지지 못한 사람을 생각하는 마음을 가져야 해. 어리석은 사람은 자신의 행운에 감사할 줄 모르고 더 많은 것을 가지려고 좇고 더 나은 사람과

어울리려고 발버둥을 친다.

아들아, 너보다 더 나은 사람과 배울 점이 있는 사람과 어울리는 것은 중요하다. 하지만 멋있어 보이는 사람이라고 해서 다 멋있는 것은 아니란다.

세상 사람들은 부자를, 힘이 있는 사람을 존경하고 그렇게 되고 싶어 해. 아빠도 조금만 더 돈이 많았으면, 조금만 더 잘생겼으면, 더 좋은 직장에 다녔으면 하는 마음이 생길 때가 있어. 하지만 그런 마음 때문에 자기 돈만 소중하게 생각하는 사람, 자기가 가진 힘을 함부로 휘두르는 사람과 어울리고 싶지는 않다. 그런 사람은 가난한 사람보다, 힘이 없는 사람보다 더 못한 사람이기 때문이야.

아들아, 겉으로 보이는 성적, 외모, 진심으로 어울릴 수 없는 친구에게 너무 집착하지 말거라. 멋있어 보인다고 연예인을 따라하고 1등을 해야 한다고 친구들에게 상처를 주고, 따돌림당하기 싫다고 불량한 친구들과 어울리지 말거라. 중요한 것은 그런 게 아니라 너의 꿈을 넓고 크게 키워나가고 네 마음을 선하게 만드는 것이니까 말이야.

다소 부족하더라도 나눌 줄 알고 감사할 줄 아는 마음을 가지고 너보다 못 가진 사람에게 베풀 줄 아는 사람이 되어야 해.

아빠는 네가 태어났을 때 너의 이름으로 기부를 했다. 적은 금액이었지만 무척 뿌듯했어. 아빠는 네가 건강하게 세상에 나와줘서 너무나 감사했고 기뻤다. 그래서 그 마음을 어려운 이웃들에게 되돌려주고 싶었단다. 그런데 기부를 해보니까 아빠가 낸 돈보다 더 크게 기쁨이 찾아왔어. 나누는 행복은 내가 가지려고만 했을 때의 행복보다 더 컸지.

세상 많은 사람이 아빠처럼, 또 아빠보다 더 마음과 재산을 나누면서 산다. 경쟁하고 남의 것을 빼앗고 만족을 모르고 사는 사람만 있는 것이 아니야. 사람들이 적더라도 기꺼이 나누기 때문에 그래도 이 세상이란 게 조화롭게 돌아가는 것이지.

아들아, 몸이 불편한 친구, 옷차림이 초라한 친구를 무시하거나 겉으로 보이는 대로 판단하지 말렴. 중요한 것은 눈에 보이지 않기 때문에 그 친구가 어떤 가능성을 품고 있는지 어떤 마음을 갖고 있는지는 알지 못해. 알지도 못하면서 함부로 사람을 평가하는 것은 위험하기도 하고 그대로 너에게 돌아오기도 한단다. 그리고 가난하고 불편한 사람은 자신의 잘못이라기보다 환경이, 여건이 그렇기 때문일 때가 많아.

아들아, 아빠는 네가 큰 사람이 되길 바란다. 겉으로 보이는 것뿐만 아니라 속으로도 강한 마음, 선한 마음, 나눌 줄 아는 마음을 지닌 진짜 큰 사람 말이야.

속이 단단한 사람은 그 마음이 겉으로도 당연히 드러나게 되어 있어. 그러니 겉모습보다 속모습을 더 야무지게 가꾸거라.

29
변화를
두려워하지 마라

학년이 바뀌고 네가 한 살 한 살씩 더 먹어가면서 공부해야 하는 것, 어울리는 친구들이 달라지기 마련이지. 또 세상이 빠르게 변하기 때문에 하루하루 새로운 것, 재미있는 것들이 쏟아져나오고 말이야.

아들아, 변화는 신나는 일이기도 하지만 두려운 일이기도 해. 그동안 익숙했던 것들과 헤어져서 새로운 것들을 배우고 익히면서 적응해야 하기 때문이지. 그래서 사람들은 변화를 원하면서도 변화 앞에서 어떻게 해야 할지 몰라서 움츠러들기도 한다. 심하면 변화를 못 본 척하면서 변화 없이 그동안 해왔던 대로 살아가기도 하지.

아빠는 군대에 갔을 때가 가장 그랬어. 그동안 아빠가 지내왔던 것과

전혀 다른 환경이라서 적응하기가 어려웠고 가족들이 없어서 외로웠거든. 그렇지만 아빠는 군대가 아빠의 인생에 있어서 큰 경험이 될 거라고 마음을 고쳐 먹었어. 그리고 이 경험이 쓸모가 있도록 만들려고 노력했고 지금 생각해보면 군대에서 인내심과 협동심을 배울 수 있었단다. 만약 아빠가 군대에 적응하려고 마음을 먹지 않았다면 무척이나 힘들었을 거야.

아들아, 세상에서 만나는 모든 일은 파도타기와 같단다. 사람은 어쩔 수 없이 나이를 먹어가고 성장하는 존재이기 때문에 성장 속에서 변화를 피할 수가 없지. 그리고 그 변화라는 파도를 얼마나 잘 받아들이고 잘 타느냐가 인생을 행복하게 사는지를 결정해준단다.

아빠는 요즘 네 또래를 보면 세상이, 요즘 아이들 문화가 정말 많이 변했다는 것을 느낀다. 아빠가 어릴 때는 컴퓨터도 스마트폰도 없었고 지금처럼 영어를 많이 배우지도 특별활동을 많이 하지도 않았어. 그냥 동네 골목에서 친구들과 뛰어 노는 게 놀이의 전부였고 악기를 배우거나 하는 건 일부 부잣집 아이들만 할 수 있는 거였지. 또 학교에서 급식을 주지 않았기 때문에 도시락을 싸서 다녔단다. 참 신기하지? 그래서 아빠는 이 변화된 환경에서 좋은 아빠가 되려면 어떻게 해야 하는지를 고민하고 찾고 있단다.

세상은 하루가 다르게 변화하지만 변화를 창조하는 것은 사람이기 때문에 적응하지 못할 것도 거의 없지. 사람들에게 필요로 하고 좀 더 나은

방향으로 발전하기 위해서 변화가 시작되기 때문이야. 그래서 너에게 앞으로 생길 수많은 변화를 두려워하지 말고 즐겁게 받아들이길 바란다. 아빠가 좋은 아빠가 되려고 노력하는 것처럼 말이야.

학년이 올라가면서 어려운 과목을 배우게 되면 어렵다고 피하기보다 '이렇게 새로운 공부를 해서 더 많이 아는 사람, 더 현명한 사람이 되는구나'라고 마음을 먹어보렴. 그러면 공부가 지겹고 어렵다기보다 재미있게 여겨지면서 해보고 싶은 마음이 들 거야.

또 정들었던 친구와 헤어지고 새로운 친구를 만나게 되면 어색하다고 피하지 말고 '좋은 장점을 가진 새 친구와 만나게 되어 즐겁다'고 생각하고 다가가렴. 많은 사람을 만날수록 더 많은 지혜가 생긴단다. 그리고 세상을 보는 시각도 넓어지지.

특별활동을 새롭게 시작했는데 서툴러서 부끄럽다면 그 부끄러움을 이기고 더 다가가렴. 누구나 처음에는 모르는 것이 당연하고 서투른 법이야. 피아노를 배우려면 누구나 도레미파솔을 치는 걸 연습해야 한단다. 만약 그런 모습이 부끄럽다면 영원히 베토벤 교향곡을 칠 수 없어. 그러니 부끄러워하지 말고 당당히 도전해라. 정말 부끄러운 것은 해보지도 않고 포기하는 것이지 서투른 것은 아니니까 말이야.

고학년이 되면 너에게도 어른이 되기 위한 신체적인 변화가 생길 거야. 그때 너무 놀라지 말고 아빠에게 상의하렴. 어른이 되는 길에 들어선 것을 아빠가 축하해주면서 몸을 소중히 하는 법을 알려주마.

아들아, 변화는 두려운 것이 아니라 신 나는 일이고 필요한 일이란다. 변화를 받아들이지 않으면 발전도 없지. 그러니 변화 속에서 너를 발견하고 발전하길 바란다.

30
몸을 소중히 여기고 마음으로 이성친구를 사귀어라

아빠는 네가 부끄럽게 여기는 이야기를 하려고 해. 그것은 바로 어른이 되는 몸의 변화와 이성친구에 대한 이야기다.

얼마 전에 네 생일이라고 여자친구들이 선물한 물건을 들고 집에 돌아왔을 때 아빠는 뿌듯한 마음에 흐뭇한 미소가 흘러나왔단다. 우리 아들이 더는 어린아이가 아니라 청소년이 되어 간다는 생각에 말이야.

아들아, 여자친구에게 관심을 갖고 좋아하는 것은 부끄러운 것이 아니라 자연스러운 일이야. 아름다운 이성 교제는 사람의 마음을 풍성하게 만들어주기도 하고 말이야. 단, 조심해서 사귀고 존중하는 마음이 있어야 한다.

고학년이 되면 몸의 변화를 겪을 거야. 남자아이들은 목소리가 굵어지고 조금씩 수염이 나기 시작하지. 여자아이들은 몸에 곡선이 생기면서 얼굴이 점점 예뻐진단다.

이런 변화는 어른이 되기 위해서 치러야 하는 아주 자연스러운 변화야. 그런데 갑자기 목소리가 굵어지기 시작하면 당황스럽고 부끄럽게 여겨지지. 그럴 때는 아빠에게 언제든지 이야기하렴. 아빠가 대처할 수 있는 방법을 자세하게 알려주마.

이렇게 몸의 변화가 시작될 때, 가장 중요한 것은 몸을 소중히 여기는 거야. 신기하다고 여기저기 떠벌리거나 너보다 변화가 늦게 찾아온 친구들 호기심어리게 보면 안 돼. 변화는 사람에 따라서 빨리 찾아오기도, 늦게 찾아오기도 하니까 말이야.

특히 여자친구들이 변화를 겪으면 신기하게 생각해서 놀리지 말아라. 여자아이들은 엄마가 되기 위한 준비를 하고 있는 것이니 누구보다 소중히 여겨주어야 한다. 함부로 만지는 것은 더 해서는 안 되는 일이고.

몸의 변화가 찾아오면 이성친구에게 더 관심이 가게 되어 있어. 요즘은 초등학생들도 서로 여자친구, 남자친구 하면서 이성 교제를 하기도 하더구나. 서로에게 관심을 갖는 것은 좋지만 어른 흉내를 내면서 교제를 하지는 말거라.

친하게 지내는 것과 어른 흉내를 내는 건 다른 거야. 아빠는 네가 여자친구들과 친구로 잘 사귀길 바라지만 어른처럼 선물을 주고받고 연락을

하느라 공부를 등한시하고 커플이라면서 몰려다니는 것은 말리고 싶다. 그런 교제는 너와 그 여자친구 둘 다에게 좋은 영향보다는 나쁜 영향을 주거든. 지나치게 관심을 갖게 되면 모든 관심이 쏠리게 되어 평소 생활을 제대로 하지 못하니까 말이야.

이성 교제는 어른이 되어서 몸과 마음이 제대로 성숙하게 되면 그때 제대로 된 사랑으로 할 수 있단다. 지금은 같은 반 친구, 친한 친구로 지내는 것이 너희에게 어울려.

인터넷이나 스마트폰에서 여자친구 사귀는 법 같은 것들이 떠도는데 그것은 어른들에게만 해당되는 이야기이다. 그러니 괜히 친구들 사이에 떠도는 방법, 인터넷으로 본 방법이 너희들에게 해당된다고 여기지 말았으면 좋겠어.

아들아, 몸은 소중히 여기어야 하고 네 몸이 소중한 만큼 친구들의 몸도 소중히 여겨야 한다. 그렇게 아낄 때 어른이 되어서 정말 사랑하는 사람을 만나 사랑을 나눌 수 있거든.

이성 친구는 마음으로 사귀고 존중하고 아끼면서 다시는 돌아오지 않을 너의 시간을 마음껏 즐기길 바란다.

31
역사 공부를 중요하게 생각해라

한글을 창제한 세종대왕, 해시계를 발명한 장영실, 활판인쇄를 시작한 조선시대 장인들……. 아들아, 현재 우리가 쓰고 있는 많은 것은 옛사람들이 발견하고 발명해서 발전시킨 것들이란다.

역사 공부는 우리가 지금 사용하는 물건에 대해 알 수 있게 할 뿐만 아니라 각 나라와의 관계도 알려주고 미래까지도 예상하게 해줘. 그래서 역사 공부는 무척이나 중요하단다.

아빠는 네가 우리나라 역사뿐만 아니라 세계의 역사도 자세히 공부하길 바라. 역사를 공부하면 지식이 넓어질뿐만 아니라 분석력, 판단력도 기를 수 있기 때문이야.

역사 공부는 학교에서 시키기 때문에 하는 것이 아니라 재미있게 살아가기 위해서, 지혜롭게 살아가기 위해서 꼭 필요한 것이란다. 왜 텔레비전에서 사극 드라마를 자꾸 방영하는지를 생각해보렴. 과거를, 역사를 안다는 것이 중요하기 때문이고 재미있기 때문이고, 필요한 일이기 때문이야.

그냥 책을 외워서 시험을 보려고 하면 지루하게 느껴지지. 그럴 때는 생각을 다르게 바꿔보는 게 좋아. 외우려고 하지 말고 이해하려고 하는 거지.

우선은 역사적 사건의 원인과 결과를 알아야 하고 그 사건 때문에 벌어진 다른 일들을 연결시켜 보렴. 아마도 그물처럼 많은 것들이 얽힌 것들을 알 수 있을 거야.

예를 들어서 세종대왕이 한글을 왜 만들었는지를 알고, 만드는 과정에서 어떤 일이 벌어졌으며 왜 그랬는지를 이해하면 한글뿐 아니라 당시의 정치에 대해서도 상황에 대해서도 알 수 있게 돼. 또 중국과 어떤 일이 있었는지를 알게 되면 현재 우리나라와 중국의 관계를 더 잘 파악할 수 있게 되지.

역사를 이해하는 것은 현재를 이해하는 것이 되고 미래를 알 수 있게 해주는 재미있는 일이란다. 우리나라 말고도 세계의 역사를 공부하고 이해하게 되면 앞으로 만나는 세계 각지의 사람들과 이야기할 소재도 굉장히 풍부해지지.

　또 전국 각지에 있는 절, 유적지들을 갈 때 이곳에서 어떤 일이 있었는지, 역사적으로 어떤 의미가 있는지를 알고 가면 훨씬 더 재미있단다. 수학여행도 역사 공부의 한 부분이고 아빠와 같이 가는 체험학습도 모두 역사 공부와 같아.

이런 말이 있어. '사랑하면 알게 되고 알게 되면 보인다. 그때 보는 것은 전과 똑같지 않다.'

역사를 알고 보는 것과 모르고 보는 것은 굉장히 큰 차이가 있어. 역사를 공부하고 알게 되면 네가 공부하는 많은 것, 여행하는 많은 것이 새로운 의미로 다가온단다. 그리고 우리나라의 많은 유적지가 소중하게 느껴지지.

아들아, 역사 공부를 하거나 위인전을 보면 어쩔 때는 믿어지지도 않고 거짓말처럼 느껴지는 것들이 있어. 역사는 그 시대를 살았던 사람들이 직접 전해주는 것이 아니고 현대의 사람들이 남겨진 자료를 가지고 추측하는 것이기 때문에 그런 느낌을 준다. 특히나 위인전이 그래.

위인전의 많은 것이 거짓말처럼 느껴진다고 해서 멀리할 필요는 없어. 대신 그 위인전 안에 담긴 정신을 살펴보려고 노력하렴. 이순신 장군, 신사임당 등의 위인들이 이야기는 그 업적도 중요하지만 태도와 마음이 더 중요해. 이순신 장군의 끈기와 지혜, 신사임당의 예술성과 표현력 등을 살피려는 마음을 가지면 그분들의 정신이 네 것이 된단다.

아들아, 역사를 공부하고 그 속에서 큰 사람으로 자라거라. 역사 속에서 미래를 발견하고 지혜를 네 것으로 만들어라.

32
책을 가장 친한 친구로 사귀어라

세상을 움직이는 가장 큰 힘이 무엇이라 생각하니?

돈? 힘? 아니야. 세상을 움직이는 커다란 힘은 바로 창의력과 상상력이란다.

아들아, 아빠는 상상력을 키우는 가장 좋은 도구는 바로 책이라고 생각한다. 책을 가까이하고 많이 읽으라는 소리가 지겹니? 그런데 독서를 하라는 말은 아무리 많이 해도, 아무리 많이 해도 부족하지 않아.

요즘은 너무나 많은 게 빠르고 손 쉬어. 원하는 정보가 있을 때 인터넷 검색을 하면 간단하게 찾을 수 있지. 텔레비전을 켜면 많은 것들이 정리되어 편하게 나와서 일부러 찾아보지 않아도 될 정도야.

아들아, 그런데 그렇게 쉽게 찾는 것, 쉽게 보이는 것들은 그만큼 쉽게 머릿속에서 사라진단다.

책은 그렇지 않아. 책을 읽으면 지은이가 고생해서 쓴 여러 정보와 재미있는 이야기를 읽으면서 머릿속으로 상상하게 되고 생각하는 힘이 길러지지. 그건 간단하게 컴퓨터로 스마트폰으로 접하는 것과는 다르단다.

동영상을 보는 건 내가 힘을 들이지 않아도 저절로 시간이 흐르면서 지

나가고 컴퓨터로 보는 것도 마찬가지지. 하지만 책은 하나의 이야기를 파악하기 위해서 마련된 여러 정보를 읽어야만 하고 이해해야만 해. 나무와 관련된 책을 읽으면 그 나무를 머릿속으로 상상하면서 정보도 동시에 읽어야만 하지. 그래서 책은 어떤 것보다도 더 상상력을 길러주고 지식을 준단다.

독서는 습관이라서 어릴 때부터 읽는 습관을 들이면 어른이 되어서도 항상 책을 가까이하게 된단다. 잠자리에 들기 전에, 하루를 마감할 때, 지루할 때 틈틈이 책을 읽는 버릇을 들여 봐. 책을 읽다 보면 따분함은 어느새 사라지고 상상의 정글에서 즐겁게 노는 너를 발견할 수 있을 거야.

책 읽기에서 즐거움을 발견하게 되면 글쓰기도 잘하게 되고 글을 잘 쓰게 되면 말도 조리있게 할 수 있게 돼. 책이 나의 생각과 느낌을 상황에 맞게, 순서에 맞게 표현할 수 있는 힘을 길러주기 때문이야. 왜 대학에 입학할 때 논술 시험을 중요하게 여기겠니? 논술은 논리와 같아서 자기 지식을 차분하게 정리하는 힘이 바로 공부할 수 있는 힘과 연결되기 때문이야.

아들아, 책을 가까이하게 되면 알게 된단다. 독서가 얼마나 위로가 되고 희망이 되는지 말이야. 사람늘은 정보를 얻기 위해서도 책을 보지만 아름다움을 느끼기 위해서도 책을 읽어. 책은 지식을 정리해 둔 종이 묶음이기도 하지만 세상의 예쁜 것들을 한곳에 모아 놓은 예술품이기도 하단다.

역사책, 시집, 동화 등 좋은 책을 가까이하는 것이 가장 좋지만 네가 원한다면 만화책을 보는 것도 좋아. 만화책도 양질의 정보를 담은 좋은 것들이 참 많단다. 그리고 만화책을 좋아하게 되면 다른 책들도 좋아할 수 있어. 독서가 정말 따분하다면 유익한 만화책을 아빠와 함께 골라 보자.

아들아, 책을 가까이 두고 너와 가장 친한 친구로 만들어라. 하지만 너무 부담을 느끼지는 마. 책은 평생을 두고 사귈 친구이기 때문에 억지로 사귈 필요는 없으니까 말이야.

천천히 조금씩 책과 가까이 하다 보면 어느 순간 너에게 변치 않는 친구로 곁에 있어줄 거야.

33
여행을 즐겨라

아빠는 네가 인생을 즐기고 느끼길 바란다. 그냥 공부만 잘하는 아이가 아니라 자연 속에서, 사람들 속에서 의미를 찾고 즐거움을 느끼면서 살 줄 아는 그런 사람이 되길 바라.

그러기 위해서는 노는 것도 잘 놀아야 하지. 그리고 최고의 휴식인 여행을 제대로 즐기게 된다면 더 행복하단다.

여행은 바쁜 일상생활을 잠시 접고 아름다운 자연이나 유적지 속에서 휴식을 취하는 거야. 그런데 단순히 휴식을 취하는 것에만 급급하면 여행의 진짜 의미를 잃어버리게 돼. 여행은 휴식이기도 하지만 충전이기도 하고 공부이기도 하기 때문이야.

아들아, 너는 세계를 돌면서 살아갈 사람이야. 그렇기 때문에 여행을 갈 때는 남다른 마음가짐을 가졌으면 해.

수학여행을 가거나 가족여행을 갈 때는 단순히 집을 떠나 놀 수 있다는 것에만 마음을 쓰지 말고 그 지역에 무엇이 있는지, 어떤 음식이 유명한지, 어떤 사투리를 쓰는지, 어떤 역사를 가졌는지를 찾아보렴. 그냥 차에 타서 갔다가 뛰어놀다 오는 것보다 훨씬 재미가 있을 거야. 보는 풍경, 먹는 음식이 모두 색다르게 여겨지기 때문이지. 네가 책에서만 보던 유적지가 네 눈앞에서 펼쳐지고 평소에는 이야기로만 들었던 음식을 진짜로 맛보게 된다면 무척이나 신이 날 거야.

그러려면 평소에 독서를 많이, 특히 역사책을 많이 보는 습관이 필요해. 만약 알지 못하는 지역에 가게 되면 가기 전에 간단하게라도 알아보렴. 그냥 떠나는 것보다 잠깐이라도 공부하고 떠나는 것의 차이는 무척이나 크단다.

여행은 떠나는 것도 즐겁지만 그 여행을 준비하는 것도 무척이나 즐겁단다. 가기 전에 무엇을 먹을지, 어디서 잘지 생각해보고 계획을 짠다면 이미 여행을 시작한 것과 같아.

학교에서 단체로 가는 여행은 아마도 네가 선택할 수 있는 것들이 많지 않을 거야. 하지만 가족여행은 네 의견을 적극적으로 참고할 수 있으니 평소에 여행하고 싶은 곳을 생각해보고 엄마 아빠에게 말해주렴. 엄마 아빠는 네가 원하는 것, 네게 필요한 것을 주고 싶으니까 말이야.

여행을 떠나면 집에서와는 다르게 불편한 것도 많단다. 잠자리도 불편하고 음식이 입에 안 맞을 수도 있고 이동하는 게 힘들 수도 있어. 그런데 이런 것들을 모두 불편하게만 생각한다면 좋은 여행을 망칠 수도 있단다.

여행이 불편한 것은 당연한 거야. 일단은 네 물건이 있는 집을 떠났고 다른 곳에서 자야 하니까 말이야. 그런데 불만만 늘어놓는다면 좋은 풍경을 즐기지 못하고 힘들다는 마음만 생긴단다. 앞으로 너는 자라서 세계를 여행해야 할 텐데 불평하는 습관을 갖게 되면 여행이 하나도 즐겁지가 않아. 다소 부족하더라도 먹기 싫더라도 지저분하게 느껴지더라도 그것이 여행의 재미라고 생각하고 아름다운 자연 풍경을 보는 시각을 더 키우거라.

또 하나 아빠가 이야기하고 싶은 것은 여행을 가기 전에 가방을 네 손으로 직접 싸는 습관을 들여 봐. 네게 필요한 것은 네가 가장 잘 알 테니까 꼭 필요한 것들을 골라서 여행 하루 전에는 미리 정리해두도록 해라. 다 정리한 다음에 엄마에게 상의한다면 엄마가 부족한 부분을 더 챙겨주실 거야.

아들아, 제대로 여행을 즐기기 위해서는 즐거운 마음, 불편을 감수하겠다는 용기, 너 자신을 챙기는 책임감이 필요하단다. 사실 조금만 신경을 쓰면 어려운 일도 아니란다. 이 세 가지 마음을 가지고 앞으로 세계를 여행하며 세상을 누리렴.

34
분수에 맞게 행동해라

아들아, 어떤 물건이든 제자리에 있을 때가 가장 어울린다. 예를 들면 비누는 목욕탕에 있을 때가 어울리고 책은 책꽂이에 있을 때가 어울리는 것처럼 말이야. 만약 비누가 거실에 있고 책이 화장대 위에 있다면 어떤 기분이 들까? 분명 제자리는 아니라는 생각이 들 거야.

사람도 마찬가지란다. 사람의 나이, 신분에 따라 분명히 어울리는 자리가 있고 해야 할 일이 있지. 그걸 제대로 지킬 때 가장 아름답게 여겨진단다.

너는 어린이이고 학생이지. 그럼 어린이답게, 학생답게 어린이가 있어야 할 곳에 있고 걸맞는 옷차림과 행동을 해야 가장 어울린다. 또 학생답게 해야 할 일을 해낼 때 가장 좋은 성과를 낼 수 있을뿐더러 예쁘기도 하지.

가끔 너는 "아빠, 저도 이제 컸어요. 아기가 아니에요! 이 정도는 제가 알아서 할 수 있어요!"라면서 엄마와 아빠의 조언을 듣지 않으려고 해. 물론 너도 이제 아기가 아니고 충분히 혼자서 생각하고 판단하고 행동할 수 있지. 하지만 세상을 먼저 살아본 엄마와 아빠의 이야기를 받아들이는 것도 중요하단다.

흔히들 어릴 때가 인생에서 가장 행복한 때라고 하지. 아빠도 그렇게 생각해. 어른이 되면 책임질 일도 많아지고 하고 싶지 않은 일도 더 많이 해야 한단다. 그리고 어린이일 때 누렸던 많은 것들을 스스로 포기해야 하지. 어른이 되고 나면 놀 시간도 쉴 시간도 생각할 시간도 많이 줄어들어. 그리고 사랑을 받기보다 사랑을 줘야 하는 일이 더 많아진단다.

어린이일 때는 많은 꿈을 꾸고 많은 경험을 하면서 자기가 진정 좋아하는 일, 하고 싶은 일을 찾을 수 있어. 하지만 어른이 되고 나면 그 꿈의 크기가, 하고 싶은 일과 해야 하는 일의 크기가 점점 작아진단다.

꿈을 꾸고 키우려면 지금 자리에 가장 어울리는 것들을 제대로 해낼 때 더 자유롭게 할 수 있단다. 그러려면 어린이답게 옷을 입을 때도 행동을 할 때도 돈을 쓸 때도 약속을 할 때도 그 본분을 잊지 말고 분수에 맞게 행동해야 해.

아이일 때는 어서 어른이 되고 싶은 마음에 어른들 흉내를 내고 으스대지만 흉내를 낸다고 해서 어른이 되는 것은 아니란다. 그리고 어른은 시간

이 지나면 누구나 되는 것이고 그 성장의 속도보다는 과정이 더 중요해.

밭에 새싹을 심었다고 생각해보자. 거름과 물을 잘 주고 성장의 속도에 맞게 대를 만들어준 새싹과 그냥 내버려둔 새싹이 있다면 어느 새싹이 잘 자랄까? 분명 잘 돌본 새싹이 보다 많은 열매를 맺을 거야. 어린이들은 그런 새싹과 같아서 잘 돌보아야 한단다. 그리고 돌보는 것은 부모나 선생님만의 몫이 아니라 자기 자신의 의지도 중요해.

아이들이 어른처럼 좋은 물건, 비싼 휴대폰을 가지고 으스대고 겉으로 보이는 것을 중요하게 생각해서 지킬 수 없는 약속을 해댄다면 어린시절을 제대로 잘 보낼 수 없을 뿐 아니라 그 습관이 어른이 되어서도 이어지기 쉽단다.

뉴스를 보면 어떻게 저런 어른이 있을까 할 정도로 이상한 어른들이 있어. 각종 범죄를 저지르는 어른들 말이야. 그런 사람들 중 많은 이가 자기가 가진 것보다, 자기가 할 수 있는 것보다 더 많은 것을 욕심내고 분수에 맞지 않게 살려고 했기 때문에 그런 일을 벌인단다. 자기의 본분을 알고 그 자리에서 가장 어울리는 것들을 찾아서 최선을 다할 때 조금씩 성장하면서 꿈에 다가서는데 말이야.

아들아, 아빠는 네가 지금 이 시간을 마음껏 즐기면서 아이답게, 학생답게 살기를 바란다. 그러면 분명 멋진 어른이 되어 어른답게 살 수 있을 거야.

35
마음에 들지 않아도 규칙을 지키는 사람이 되어라

로마에 가면 로마의 법을 따르라는 말이 있어. 그 말은 무슨 뜻일까? 어느 곳에 갔을 때 정해진 것이 있다면 불편하고 마음에 들지 않더라도 일단은 따르라는 뜻이야.

이 말은 해외에 갔을 때 다른 나라의 풍습, 예절, 습관이 어색하더라도 일단은 존중하고 따르라는 것도 되지만 새로운 학교, 새로운 반, 새로운 친구들, 새로운 놀이를 만나게 됐을 때도 똑같이 생각할 수 있는 말이냐.

사람들은 변화를 원한다고 하지만 변화를 만나게 되면 일단은 움츠러들면서 거부하려고 해. 왜 새로운 친구를 만났을 때는 신나는 마음이 들지만 그래도 어색하고 어떻게 친해져야 할지 잘 모르겠지? 그것과 비슷하게 생각하면 된단다.

　아빠가 외국에 갔을 때 아시아의 어느 나라였는데 그곳은 손으로 밥을 먹었어. 이미 알고 있던 것이지만 막상 아빠 앞에 그릇이 놓여지고 손으로 먹어야 했을 때 어쩐지 지저분하다는 생각이 들고 용기가 나지 않더라. 그런데 아빠가 결심을 하고 손으로 밥을 먹자 그곳 사람들이 흐뭇하게 바라보았고 아빠는 곧 손으로 밥을 먹는 것이 익숙해졌어. 손으로 밥을 먹는 그 간단한 것으로 그 사람들과 아빠의 마음의 벽이 허물어진 거야.

　아들아, 새로운 것을 배우러 학원이나 모임에 갔을 때 어색하고 두려운 마음, 이곳의 규칙이 불편한 마음은 충분히 들 수 있어. 그리고 친구들과 게임을 하는데 친구들이 정해놓은 규칙이 마음에 안 들 수도 있

어. 하지만 일단 하기로 했다면 원래 있던 규칙은 따르고 존중해주는 사람이 되길 바란다.

네가 어렸을 때 친구들과 딱지치기를 하다가 울면서 돌아왔던 일이 있어. 네가 딱지를 잃었더구나. 그런데 잃었다면 친구에게 딱지를 줘야 하는데 그만 주고 싶지 않은 마음에 주지 않겠다고 고집을 부렸고 친구들은 그런 너를 더 이상 놀이에 끼워주지 않았지. 그래서 속상한 마음에 집에 와서 눈물을 터트렸지.

어떤 규칙은 네가 가진 것을 빼앗을 수도 있고 마음을 불편하게 할 수도 있어. 하지만 그 규칙을 따르지 않는다면 더 큰 것을 잃을 수도 있단다. 새로 악기를 배우러 학원에 갔는데 선생님이 가르쳐주는 방식이 네 마음에 들지 않고 불편하다고 금방 포기해 버리면 너는 그 악기를 잘 배울 수 있는 기회를 잃어버리게 돼. 또 친구들과의 놀이가 너에게 불리하게 여겨져서 네게 유리하게 고집을 부린다면 친구들과 놀 수 있는 기회가 줄어들지.

아들아, 어떤 것을 하기로 했다면, 사람들과 어울려 해내기로 했다면 그 모임의 규칙이 마음에 들지 않아도 일단은 받아들이고 충분히 해본 다음에 고쳐야 할 부분을 이야기해도 늦지 않아. 사람은 자기가 아는 만큼 보이고, 알아야 더 사랑하고 아낄 수 있단다. 자기가 모르면서 해보지도 않고 의견만 내세운다면 고집만 센 사람이 되기 쉽고 좋은 기회를 잃게 되지.

무언가를 배울 때는 그 배움이 충분히 너에게 익숙해졌을 때 가르쳐주시는 분에게 "제가 그동안 배우다 보니까 이런 것이 있던데 앞으로는 이런 방식이 좋겠어요."라고 정중하게 부탁해야 한다. 그러면 선생님은 그동안의 너의 노력과 과정을 알기 때문에 받아들여주시지. 또 처음에는 불만처럼 여겨졌지만 시간이 지나다 보니 그것이 가장 좋은 방법이었다는 걸 깨닫기도 해. 누구나 잘 모르는 것에 대해서는 거부감과 두려움이 있기 때문에 불평이 생길 수 있지만 알게 되면 그 마음은 달라지기 마련이니까.

친구들과의 놀이도 마찬가지야. 친구들이 이미 어떤 놀이를 하고 있고 네가 그 놀이에 끼게 되었다면 처음에는 친구들이 정해놓은 규칙에 충실히 따라서 일원이 되고 그 후에 네가 더 재미있게 놀 수 있는 방법을 알려주는 게 좋아. 그러면 친구들도 신이 나서 그 방법을 적극적으로 받아들이게 되지.

아들아, 규칙을 받아들이지 않고 불평 먼저 하는 사람은 어디에도 어울릴 수도 새로운 지식을 받아들일 수도 없단다. 그것은 습관이 되어 어른이 되어서도 한 직장에 적응하지 못하는 사람, 한 가지 공부를 익힐 수 없는 사람이 되어 전문가로 성장할 수 없게 되지.

아빠의 조언을 생각하면서 보다 더 좋은 것을 발견하고 더 큰 그림을 그리는 사람이 되길 바란다.

36
다름을 존중하는 사람이 되어라

요즘은 텔레비전을 틀면 한국사람보다 더 한국사람 같은 외국인들이 나와서 재미있는 이야기를 한다. 아빠도 흥미로워서 그 프로그램들을 잘 챙겨 보곤 하지.

아빠가 어렸을 때는 우리나라는 '백의 민족' '단일민족'이라는 말이 교과서에 나왔어. 요즘도 그런 말을 하는지는 잘 모르겠지만 세계화 시대이고 다문화가정이 많은 현실이다 보니까 아마도 그런 말이 예전처럼 나오지는 않을 것 같구나.

대한민국은 예전에는 외국인들이 별로 없었고 다문화가정도 드물었단다. 그래서 어쩌다 다문화가정 아이들을 보면 신기하게 여겨서 이것저것

물어보기 바빴지. 하지만 이제는 사람들이 세계로 진출해 살다 보니까 외국인들, 다문화가정 사람들도 흔하게 만날 수 있어.

그런데 아빠가 안타깝게 생각하는 게 하나 있어. 우리나라가 다문화를 받아들이는 것이 역사가 깊지 않다 보니 아직도 나와 다른 피부색, 얼굴 모양 등에 편견을 갖고 색안경을 끼고 보는 경우가 있단다. 어른들이 그렇다 보니 아이들도 그런 모습을 보고 배워서 따라하고 말이야. 심지어는 학교에서 다문화가정 아이들을 놀리기까지 하는데 그것은 정말 버려야 할 모습이란다.

아빠가 가장 겁이 나는 것 중에 하나가 어른들의 잘못된 사고방식을 아이들이 그대로 배우는 거야. 어른들이라고 다 옳고 좋은 생각만 하는 것은 아닌데 말이야. 나와 다른, 나보다 조금 힘이 없어 보이는 사람을 경계하고 무시하는 것은 교양 있는 사람이라면 절대로 하지 말아야 할 일이란다. 사람은 누구나 평등하고 누구나 존중받아야 할 존재야. 그렇기 때문에 나와 다르다고 무시하거나 놀려서는 안 되고 그 사람이 힘이 없을 때는 더 그렇단다.

또 다문화가정 친구들 중에 피부색이 하얀 친구들에게는 친절하고 검은 친구들에게는 무시하거나 놀리는 경우도 있는데 이것은 너무나 큰 차별이다. 입장을 바꿔 우리가 한국인이고 얼굴색이 노랗다는 이유만으로 백인들에게 놀림과 차별을 당한다면 너무나 억울하지 않겠니. 이런 차별을 조금 크게 보면 종교가 다르다는 이유로, 쓰는 언어가 다르다는 이유로, 부모님 중 한 쪽이 없다는 이유로 차별할 수도 있다는 것인데 그런 것들은 그 사람과는 아무런 상관이 없는 것이란다. 다른 것은 그냥 다른 것이지 잘못된 것이 아니니까 말이야.

아들아, 너는 세계를 무대로 살아가야 할 사람이다. 넓은 세상에서 다양한 사람들을 만나고 그 사람들이 가진 많은 문화를 받아들이고 전달해주면서 살아야 할 사람이지. 그러려면 좁은 생각을 버리고 친구가 가진 장점, 문화 등을 배우고 받아들이려는 넓은 그릇이 필요해. 우리나라에서 나와 비슷한 사람들만 만나고 그 세상이 전부라고 생각하는 것과, 다양한 사람들을 만나며 큰 세상을 만나는 사람, 누가 더 멋질까?

또 환경이 오염이 되다 보니 원치 않게 몸이 불편한 사람, 마음이 아픈 사람들도 많이 늘어났단다. 학교에서 장애가 있는 친구, 유난히 산만한 친구, 학습 능력이 떨어지는 친구를 볼 수 있을 거야. 이 친구들을 만날 때도 아빠의 말을 생각하면서 행동하길 바란다.

어딘가 불편한 친구는 단지 불편할 뿐이지 나보다 못한 것은 아니란다. 그리고 몸과 마음이 아픈 것은 그 친구 잘못이 아니며 나도 언제든지 사고를 당하거나 큰 시련이 있다면 그럴 수 있어. 그런 친구를 만난다면 따뜻하게 대해주면서 절대로 놀리지 말거라. 특히 몸이 불편한 친구의 모습을 흉내를 내는 것은 더 주의해서 하지 말고 주변에 놀리는 친구가 있다면 주의를 주도록 해.

아들아, 세상은 다양한 사람이 더불어 사는 것이란다. 아빠는 네가 작은 생각, 이기적인 생각에서 벗어나 많은 사람을 받아들이고 사랑하고 어울릴 수 있는 사람이 되길 바란다.

37
생각한 것은 행동으로 옮겨라

아들아, 방학이 되면 너는 생활계획표를 짜고 신학기가 시작되면 학습계획표를 짠다. 그런데 막상 실천을 하려고 하면 어려움을 느끼는 것 같고 나중에는 그냥 엄마가 하자는 대로 따르는 경우가 많지. 그것은 너만 그런 것은 아니야. 세상 많은 사람이 자기가 생각한 것과 할 수 있는 일, 할 수 있는 시간이 다르기 때문에 자기와의 약속을 곧잘 어기고 살아간단다. 아빠도 그렇고 말이야.

아빠는 그런 너에게 친구로서 조언을 해주고 싶다. 할 수 없는 계획을 세우는 것도 좋고, 그 계획에 가까이 가려고 노력하는 것도 좋고, 하다 보니 안 되는 것도 좋다. 하지만 이런 것들이 반복되다 보면 어느새 계획조차도 세우지 않는 사람이 되기 쉬워. 그러니 작은 것이라도 행동으로 옮기는 습관을 들였으면 하고 상상만으로 그치지 말았으면 한다.

조금 어려운 말로 어른들 사이에 기획력과 행동력이라는 말이 있어. 기획력은 어떤 것을 생각하는 능력, 새로운 것을 발견하는 능력을 말하지. 그리고 행동력은 그 생각을 몸으로 실천하는 능력을 말한단다.

이 세상은 남과 다르게 생각하고 조금 더 특별한 것을 발견하는 걸 높이 평가한다. 그런데 그런 것을 생각만 한다면 어느 누구도 알아차릴 수가 없어.

너도 잘 아는 스티브 잡스의 이야기를 해줄게. 스티브 잡스는 어릴 때부터 친구들과는 다르게 컴퓨터에 관심이 많았고 어떻게 해야 컴퓨터를 잘 만들 수 있을까 고민했어. 그리고 그 고민을 행동으로 옮겨 작은 것부터 만들기 시작했고 결국에는 세상 사람들이 깜짝 놀랄만한 컴퓨터와 휴대폰, 음악기기들을 내놓았지. 스티브 잡스가 남긴 말로 굉장히 유명한 말이 '다르게 생각하고 다르게 행동하라'였어. 많은 사람이 이 다르게 생각하라는 말에 감동을 받았단다. 그런데 아빠는 여기서 '다름'보다는 '행동'이 더 눈에 들어오는구나.

스티브 잡스가 다르게 생각만 하고 실천하지 않았다면, 상상만 하고 그 이야기를 남들에게 떠벌리기만 했다면 그렇게 성공할 수 있었을까? 아니야. 스티브 잡스는 누구보다 자신의 생각을 현실로 만들기 위해서 노력했고 실천했고 행동했어. 그래서 세상을 떠난 지금까지도 사람들이 그리워하는 거지.

'아들아, 생각하는 능력만큼 중요한 게 행동하는 능력이야. 이것은 약속을 지키는 것과도 비슷하지. 엄마와의 약속, 아빠와의 약속, 선생님과의 약속도 중요하지만 가장 중요한 것은 너와의 약속이란다. 너와 약속했던 공부, 운동, 생활습관이 있다면 조금 해보다가 싫증을 낼 것이 아니라 실천하고 개선할 점을 찾아가면서 네 몸에 익숙해지게 만들어야 해.

어린 시절에는 작은 '성공의 경험'이 중요하단다. 어떤 것을 생각하고 실천했을 때 오는 뿌듯함, 가족이나 친구들에게 칭찬을 받았을 때 오는 자신감, 내가 할 수 있다는 성취감이 꾸준히 쌓이다 보면 자존감이 높은 어른으로, 너 자신을 돌보고 아끼는 어른으로 자라난단다.

'아들아, 아빠가 한 가지 알려주자면 네가 충분히 할 수 있는 목표보다 조금 더 높게 목표를 잡고 그것에 맞추어 실천하길 바란다. 너무 큰 목표를 잡으면 실망하기 쉽고 그게 반복되다 보면 목표를 세우는 것도 귀찮아져. 하지만 조금 더 높은 목표는 적은 노력으로도 충분히 달성할 수 있단다.

  가령, 하루에 1시간 게임을 하고 1시간 독서를 해왔다면 40분만 게임을 하고 1시간 20분을 독서를 하는 식으로 말이야. 너무 사소한 것이지만 이런 연습을 통해서 보다 나은 생활습관을 가질 수 있고 너 자신에게도 보탬이 된단다. 그리고 이런 연습을 하다 보면 말만 앞서는 사람, 행동보다 생각만 큰 사람이 아니라 실천하는 사람, 신의가 있는 사람이 되어 너의 앞날을 풍요롭게 만들어 줄 거야.

38
제대로 들을 줄 아는 사람이 되어라

너는 우리 친척 중에 할머니를 가장 좋아하지. 할머니가 맛있는 것도 잘 해주시고 장난감도 잘 사주시니까 말이야. 그런데 아빠가 자세히 보면 할머니가 네 말을 잘 들어주셔서 더 좋아하는 것 같더구나.

말을 잘 들어주는 건 해달라는 걸 해주는 것이 아니라 말 그대로 네 이야기를 들어주는 것을 뜻해. 할머니는 너를 사랑하는 마음에 네가 학교에서 있었던 일이나 집에서 있었던 일을 웃으면서 잘 들어주시지. 그래서 네가 할머니를 편안하게 생각하며 따르는 것 같다.

아들아, 누군가의 이야기를 잘 들어주는 것은 정말 큰 능력이고 좋은 태도야. 그리고 그만큼 어려운 일이기도 하지. 사람은 누구나 남의 말을 듣기보다 나의 이야기를 하고 싶어 하고 내 위주로 살고 싶어. 그런데 남의 말을 들어주지 않는다면 남도 내 이야기를 듣지 않는단다.

우리는 누구나 남에게 주목받고 싶고 재미있게 해주고 싶고 인기를 끌고 싶어. 그래서 유머를 익히려고 하고 말을 잘하는 법을 배우기도 하지. 그런데 재미있는 말이나 행동만큼 중요한 게 듣는 능력이야.

대화는 함께 나누는 것이기 때문에 일방적으로 나의 이야기만 한다면 상대방은 처음에는 들어주지만 나중에는 더는 대화하고 싶지 않아 한단다. 내가 들은 만큼 나의 이야기도 들어주기 바라기 때문이지. 그래서 말은 먼저 하기보다 들으려고 하는 태도가 중요하단다.

아들아, 대화에는 입으로 하는 언어도 있지만 몸으로 하는 언어도 있단다. 친구가 너와 이야기를 나누려고 한다면 건성으로 들으며 다른 곳을 보거나 딴 생각을 하지 말고 진지하게 친구의 얼굴을 바라봐주어라. 사람은 눈으로도 말하고 표정으로도 말하기 때문에 내 이야기를 잘 들어주는지 귀찮은 마음에 참고 있는지 누구라도 다 알 수 있지.

친구가 네게 이야기를 할 때는 재미가 없더라도 끝까지 들어주고 맞장구를 쳐주어라. 그리고 고민을 이야기 할 때는 성급하게 해결책을 이야기하지 말고 그냥 '화가 나겠구나'하면서 그 마음을 공감해주어라. 누구나 자기 고민은 자기만이 해결할 수 있기 때문에 친구가 말한다고 해서 도움이 되진 않기 때문이야. 그냥 들어주고 공감해주는 것만으로도 큰 위로와 해결책이 되는 경우가 대부분이란다.

　어른과 대화를 나눌 때는 듣는 자세가 더 중요해. 선생님이나 친척 어른들을 만날 때는 바른 자세로 앉아 끝까지 이야기를 듣도록 해라. 어른이 말씀하시는데 중간에 '그건 아니에요!'라면서 끼어드는 것은 예의가 아니란다. 어른 말을 끝까지 잘 듣고 너의 의견을 말씀드린다면 받아들여주실 거야.

　귀를 여는 자세를 갖추게 되면 큰 선물이 따라온단다. 그것은 바로 사람들의 신용을 얻는 것이고 친구를 얻는 것이야. 생각해보렴. 자기 이야기만 하는 친구와 자기 이야기를 잘 들어주면서 공감도 해주는 친구. 어떤 친구와 더 친하게 지내고 싶을까? 그리고 어떤 친구를 더 믿음직하게 여기게 될까?

남의 이야기를 끝까지 잘 듣고 경청하는 것은 순간 손해를 보는 것 같아도 결국에는 내게 큰 이익으로 돌아오는 것이란다. 사람은 옷차림, 얼굴 생김, 직업으로도 그 사람이 어떤 사람인지를 알아차릴 수 있지만 대화의 자세에서 가장 크게 느끼게 돼. 경청하는 자세를 지니면서도 자기의 의견을 정확하게 전달할 수 있는 사람은 품위 있는 사람, 믿음직한 사람으로 인식되어 결국에는 큰 재산으로 돌아온단다.

그런데 여기서 중요한 것은 친구가 고민을 이야기 한다면 그냥 너만 알고 다른 친구에게 전하진 말아야 하는 것이다. 그런 행동은 애써 네게 고민을 이야기한 친구에게 큰 잘못을 하는 것이니 정 말하고 싶다면 아빠에게 말을 하도록 해라.

39
가장 약한 사람이 폭력을 쓰는 것이다

아빠가 산책을 다니다 보면 길거리에 예쁜 강아지가 나온 것을 보게 된다. 대부분 목줄을 하고서 주인만 보고 따라다니지만 어떤 강아지는 아빠를 보면서 막 짖기도 해. 그런데 대부분 그런 강아지는 몸집이 작거나 겁이 많은 경우가 많아. 자기 몸이 약하다 보니까 큰 사람을 보고서 무서워 짖는 것이지.

아들아, 아빠는 쉽게 폭력을 쓰는 사람은 그만큼 약한 사람이라고 생각한다. 사람이 동물과 다른 것은 이성이 있고 말을 할 줄 안다는 것인데 대화로 해결하지 못하고 폭력으로 자기 생각을 전달하는 것은 그만큼 대화의 능력이 없다는 뜻 같아.

아빠도 네가 어릴 때 버릇을 잡아준다고 회초리를 든 적이 있어. 그런데 어린 너의 종아리를 때리고 나니까 몹시 마음이 아프더구나. 아빠가 네게 충분히 말로 설명할 수 있었는데 순간 화가 난 마음에 네게 상처를 준 것 같아서 말이야. 그래서 이후로는 절대 회초리를 들지 않겠다고 다짐했단다. 그리고 그 일은 지금도 미안하게 생각하고 있어.

폭력은 가장 원시적이면서도 쉬운 방법이야. 그래서 사람들은 대화로 해결할 일도 쉽게 폭력을 써서 자기 마음을 표현하려 하지. 또 자기보다 약한 사람에게 폭력을 써서 내가 더 힘이 세고 강하다는 걸 보여주기도 해. 정말 강한 것은 폭력 없이도 이기는 것인데 말이야.

세계 여러 나라에서 시위를 하는 것을 보면 쉽게 이해할 수 있단다. 폭력적인 시위를 하면 똑같이 폭력적인 진압을 마주하게 되지만 폭력적이지 않은 시위는 오히려 조용하지만 강하게 의견을 전

달한단다. 물론 시간이 더 걸리고 힘이 더 들기도 해. 하지만 몸이나 마음에 상처는 남지 않는단다.

요즘 학교에서 친구들 사이에 폭력이 심해 아빠는 걱정이 되는구나. 너는 그렇지 않다고 생각되지만 혹여라도 너보다 약한 친구를 때리거나 놀리는 것에 가담하지 않길 바란다. 너보다 약한 친구는 도와주고 보살펴주어야 할 대상이지 절대 때려도 되는 사람이 아니란다. 이 세상에 맞아도 되는 사람은 없기 때문이야. 그리고 혹시라도 네가 친구들에게 폭력을 당한다면 선생님과 엄마 아빠에게 알리길 바란다. 부끄러운 것이 아니라 부당한 것이기 때문이야.

옛말에 한 번이 어렵지 두 번은 어렵지 않다는 말이 있어. 이것은 폭력도 마찬가지란다. 누군가를 한 번 때리게 된다면 그다음에는 죄책감 없이 또 폭력을 쓰게 된다. 폭력이 가장 간단하게 여겨지고 반복되다 보면 재미있게 생각되기 때문이야. 그래서 폭력은 아예 처음부터 할 생각은 하지 말고 그런 자리가 있다면 단호하게 네 의사를 표시한 다음에 피해야 한다. 그리고 네게 같이 폭력을 쓰자고 권하는 친구가 있다면 그런 친구는 안 사귀는 것이 차라리 나아.

격투기 선수나 무술 고수들은 운동을 할 때 절대로 시합장 밖에서는 사람을 때리지 않도록 교육을 받는단다. 그리고 사람을 때리게 된다면 명예로운 자리에서 내려와야 할뿐더러 그런 일은 잘 생기지도 않는단다. 그 사람들이 힘이 없어서 사람을 때리지 않는 것은 아닐 거야. 가장 강하기 때문에 자기 힘을 조절할 수 있어서지.

　　아들아,　폭력은 어떠한 문제도 해결할 수 없고 문제를 더 나쁘게 몰고 간단다. 설사 네가 잘못을 해서 맞았다면 그 잘못이 잘못으로 느껴지지 않고 화로 자리를 잡을 거야. 마찬가지로 상대방도 그렇단다. 어떠한 경우라도 사람을 때리지 말고 대화로 풀며, 그런 자리가 있다면 피하길 바란다. 폭력을 쓰는 사람만큼 약하고 어리석은 사람은 없다.